管理学与思维培养

裴 琳 蔡 薇 / 主编

重庆大学出版社

内容提要

本书注重价值引领，将思维方法融入管理学教学，对学生高阶思维的培养，对新时代我国培养精于专业、熟知管理知识的复合型人才大有裨益。本书将"管理学"学科的核心理念、知识、工具及方法与国家层面、组织层面以及学生个人层面的管理实践相结合，有助于将大学生培养成完整的"人"，使其有理性、情感、逻辑、认知等综合素质及能力，能更好地适应社会、服务社会。

本书分为六部分，即管理与思维培养、决策、组织、领导、控制、创新，共十二章，每章内容以思维训练的五个阶段——萌芽、成型、延伸、反思和整合展开阐述。

本书适用于高校经济管理类专业基础必修课的教学，也适用于高校通识教育管理类课程的教学，同时可以作为企事业单位管理者解决实际工作难题的参考用书。

图书在版编目(CIP)数据

管理学与思维培养 / 裴琳, 蔡薇主编. -- 重庆 : 重庆大学出版社, 2023.9

(四川外国语大学新文科建设系列丛书)

ISBN 978-7-5689-4087-0

Ⅰ.①管… Ⅱ.①裴… ②蔡… Ⅲ.①管理学—高等学校—教材 Ⅳ.①C93

中国国家版本馆 CIP 数据核字(2023)第 178905 号

管理学与思维培养

GUANLIXUE YU SIWEI PEIYANG

裴 琳 蔡 薇 主编

策划编辑:龙沛瑶

责任编辑:杨 扬 版式设计:龙沛瑶

责任校对:谢 芳 责任印制:张 策

*

重庆大学出版社出版发行

出版人:陈晓阳

社址:重庆市沙坪坝区大学城西路 21 号

邮编:401331

电话:(023)88617190 88617185(中小学)

传真:(023)88617186 88617166

网址:http: / / www. cqup. com. cn

邮箱:fxk@ cqup. com. cn (营销中心)

全国新华书店经销

重庆华林天美印务有限公司印刷

开本:787mm×1092mm 1/16 印张:11.5 字数:275 千

2023 年 9 月第 1 版 2023 年 9 月第 1 次印刷

印数:1—1 500

ISBN 978-7-5689-4087-0 定价:39.00 元

本书如有印刷、装订等质量问题，本社负责调换

版权所有，请勿擅自翻印和用本书

制作各类出版物及配套用书，违者必究

交叉融合，创新发展

——四川外国语大学新文科建设系列丛书总序

四川外国语大学校长　董洪川

四川外国语大学(Sichuan International Studies University，SISU)简称“川外”，位于歌乐山麓、嘉陵江畔，是我国设立的首批外语专业院校之一。古朴、幽深的歌乐山和清澈、灵动的嘉陵江涵养了川外独特的品格。学校在邓小平、刘伯承、贺龙等老一辈无产阶级革命家的关怀和指导下创建，从最初的中国人民解放军西南军政大学俄文训练团，到中国人民解放军第二高级步兵学校俄文大队，到西南人民革命大学俄文系、西南俄文专科学校，再到四川外语学院，至2013年更名为四川外国语大学。学校从1979年开始招收硕士研究生，2013年被国务院学位委员会批准为博士学位授予单位，2019年经人社部批准设置外国语言文学博士后科研流动站。学校在办学历程中秉承“团结、勤奋、严谨、求实”的优良校风，弘扬“海纳百川，学贯中外”的校训精神，形成了“国际导向、外语共核、多元发展”的办学特色，探索出一条“内涵发展，质量为先，中外合作，分类培养”的办学路径，精耕细作，砥砺前行，培养了一大批外语专业人才和复合型人才。他们活跃在各条战线，为我国的外交事务、国际商贸、教学科研等各项建设作出了应有的贡献。

经过七十三年的发展，学校现已发展成为一所以外国语言文学学科为主，文学、经济学、管理学、法学、教育学、艺术学、哲学等协调发展的多科型外国语大学，具备了博士研究生教育、硕士研究生教育、本科教育、留学生教育等多形式、多层次的完备办学体系，主办了《外国语文》《英语研究》等有较高声誉的学术期刊。学校已成为西南地区外语和涉外人才培养以及外国语言文化、对外经济贸易、国际问题研究的重要基地。

进入新时代,“一带一路”倡议、“构建人类命运共同体”和“中华文化‘走出去’”等国家战略赋予了外国语大学新使命、新要求和新任务。随着“六卓越一拔尖”计划2.0(指卓越工程师、卓越医生、卓越农林人才、卓越教师、卓越法治人才、卓越新闻传播人才教育培养计划2.0和基础学科拔尖学生培养计划2.0)和“双万”计划(指实施一流专业建设,建设一万个国家级一流本科专业点和一万个省级一流本科专业点)的实施,“新工科、新农科、新医科、新文科”建设(简称“四新”建设)成为国家高等教育的发展战略。2021年,教育部发布《新文科研究与改革实践项目指南》,设置了6个选题领域、22个选题方向,全面推进新文科建设研究和实践,着力构建具有世界水平、中国特色的文科人才培养体系。为全面贯彻教育部等部委系列文件精神和全国新文科建设工作会议精神,加快文科教育创新发展,构建以育人育才为中心的文科发展新格局,重庆市率先在全国设立了“高水平新文科建设高校”项目。而四川外国语大学有幸成为重庆市首批“高水平新文科建设高校”项目三个入选高校之一。这就历史性地赋予了我校探索新文科建设的责任与使命。

2020年11月3日,全国有关高校和专家齐聚中华文化重要发祥地山东,共商新时代文科教育发展大计,共话新时代文科人才培养,共同发布《新文科建设宣言》。这里,我想引用该宣言公示的五条共识来说明新文科建设的重要意义。一是提升综合国力需要新文科。哲学社会科学发展水平反映着一个民族的思维能力、精神品格和文明素质,关系到社会的繁荣与和谐。二是坚定文化自信需要新文科。新时代,把握中华民族伟大复兴的战略全局,提升国家文化软实力,促进文化大繁荣,增强国家综合国力,新文科建设责无旁贷。为中华民族伟大复兴注入强大的精神动力,新文科建设大有可为。三是培养时代新人需要新文科。面对世界百年未有之大变局,要在大国博弈竞争中赢得优势与主动,实现中华民族复兴大业,关键在人。为党育人、为国育才是高校的职责所系。四是建设高等教育强国需要新文科。高等教育是兴国强国的“战略重器”,服务国家经济社会高质量发展,根本上要求高等教育率先实现创新发展。文科占学科门类的三分之二，文科教育的振兴关乎高等教育的振兴，做强文科教育推动高教强国建设，加快实现教育现代化，新文科建设刻不容缓。五是文科教育融合发展需要新文科。新科技和产业革命浪潮奔腾而至，社会问题日益综合化复杂化，应对新变化、解决复杂问题亟须跨学科专业的知识整合，推动融合发展是新文科建设的必然选择。进一步打破学科专业壁垒，推动文科专业之间深度融通、文科与理工农医交叉融合，融入现代信息技术赋能文科教育，实现自我的革故鼎新，新文科建设势在必行。

新文科建设是文科的创新发展，目的是培养能适应新时代需要、能承担新时代历史使命的文科新人。川外作为重庆市首批“高水平新文科建设高校”项目三个入选高校之一，需要立足“两个一百年”奋斗目标的历史交汇点，准确把握新时代发展大势、高等教育发展大势和人才培养大势，超前识变，积极应变，主动求变，以新文科理念为指引，谋划新战略，探索新路径，深入思考学校发展的战略定位、模式创新和条件保障，构建外国语大学创新发展新格局，努力培养一大批信仰坚定、外语综合能力强，具有中国情怀、国际视野和国际治理能力的高素质复合型国际化人才。

基于上述认识，我们启动了“四川外国语大学新文科建设系列”丛书编写计划。这套丛书将收录文史哲、经管法、教育学和艺术学等多个学科专业领域的教材，以新文科理念为指导，严格筛选程序，严把质量关。在选择出版书目的标准把握上，我们既注重能体现新文科的学科交叉融合精神的学术研究成果，又注重能反映新文科背景下外语专业院校特色人才培养的教材研发成果。我们希望通过丛书出版，积极推进学校新文科建设，积极提升学校学科内涵建设，同时也为学界同仁提供一个相互学习、沟通交流的平台。

新文科教育教学改革是中国高等教育现代化的重要内容，是一项系统复杂的工作。客观地讲，这个系列目前还只是一个阶段性的成果。尽管作者们已尽心尽力，但成果转化的空间还很大。提出的一些路径和结论是否完全可靠，还需要时间和实践验证。但无论如何，这是一个良好的开始，我相信以后我们会做得越来越好。

新文科建设系列丛书的出版计划得到学校师生的积极响应,也得到了出版社领导的大力支持。在此,我谨向他们表示衷心的感谢和崇高的敬意!当然,由于时间仓促,也囿于我们自身的学识和水平,书中肯定还有诸多不足之处,恳请方家批评指正。

2023年5月30日

写于歌乐山下

前　言 PREFACE

大学的教育理念要体现国家和社会的需求与时代精神。教材是教学的基石，教材的建设必然围绕当代社会对人才的目标要求，表达时代的新要求，体现时代性。思维方法融入管理学教学，对学生高阶思维的培养，对新时代我国培养精于专业、熟知管理知识的复合型人才大有裨益。

本书按照三条逻辑线进行编写：

其一，本书将“六种思维方法”与管理学基本原理相结合，形成了本书的思维培养逻辑线。思维方式内涵十分丰富，思维方式决定了人的行动方向。对于管理类学科来说，思维能力决定着管理者的工作效率和效果，对未来管理者思维方式的培养尤为关键，培养管理类学生的高阶思维能力决定着“培养什么样的人、如何培养人以及为谁培养人”这个根本问题的解决路径和方向。习近平总书记就针对中国当前实际，提出了“六种思维”，即战略思维、历史思维、辩证思维、创新思维、法治思维和底线思维。

其二，在国家、组织和个人三个层面形成了本书的实践培养逻辑路线。彼得·F.德鲁克说：“管理学是一门科学，是系统化的并到处适用的知识；同时，管理是一种实践，其本质不在于知而在于行，其验证不在于逻辑而在于成果。”管理是人类生活中普遍和重要的活动之一，有了人类社会，就有了管理，小至个人与家庭、学校、企业，大至国家、社会，都与管理息息相关。通过管理的实践，生产、生活和其他活动能够更加有目的、有秩序、高效率地进行，因此如何学习管理学以及管理理论如何落地意义重大。编写本书旨在将管理学学科的核心理念、知识、工具及方法与国家层面、组织层面的具体管理实践以及学生个人层面的管理实践相结合，不断复盘、总结、提炼与升华，进而提升高校学生的管理素养。

其三，经典管理职能理论为本书奠定了了理论逻辑线。本书由六部分构成——管理与思维培养、决策、组织、领导、控制及创新。本书旨在通过管理理论引导大学生建立一套比较完整的知识体系，使其具备相应的知识和思维方法，进而进行独立思考，更好地认识、理解世界，进而推动国家的发展与进步。

按照上述逻辑结构，本书分为十二章，各章的编写者依次为：袁梦铃（第一章），罗庆虹（第二章），陈佳欣（第三章），魏萍（第四章），蒋汶洋（第五章)，任维贤(第六章)，林佳艺(第七章)，王鑫(第八章)，何露引(第九章)，邵玉颖(第十章)，林国星(第十一章)，杨思念(第十二章)。

本书是四川外国语大学新文科建设项目的系列成果之一，同时是重庆市教委人文社会科学研究项目(项目号:22SKSZ052)的成果之一。在此，向给予本书大力支持的四川外国语大学教务处和重庆大学出版社表示衷心感谢。由于编者能力有限，本书若有不足之处还请各位专家、读者批评指正。

编　者

2023年7月6日

目　录 CONTENTS

第一篇　管理与思维培养

第二篇　决　策

第三篇　组　织

第四篇　领　导

第五篇 控 制

第六篇 创 新

第一篇

管理与思维培养

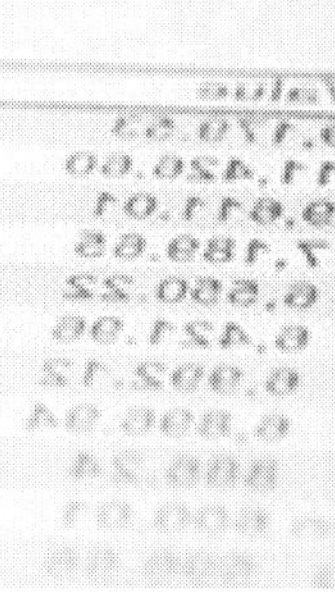

第一章　管理与管理学

【学习目标】

1. 知识目标：建立对管理知识的基本认识框架，并深刻认识学习管理知识的重要性。了解管理学学科的性质特点；清楚管理学的学习方法和基本工具，了解管理活动的时代背景。能区分组织与管理，掌握管理的内涵和本质，掌握管理的基本原理。

2. 能力目标：具备先进的管理理念，善用管理知识解决实际问题；让学生具备管理素养、创新能力和学术兴趣。

3. 情感态度目标：通过案例教学、对比分析，引导学生透过现象看本质，启发学生探索我国改革开放、脱贫攻坚等重大管理举措背后的经验、问题、管理知识等，激发学生学习管理知识的主动性和勇于探索的实践精神。

【案例】

管理在组织中的重要性

宏达建筑公司原本是一家小企业，仅有10多名员工，主要承揽一些小型建筑项目和室内装修工程。创业初期，大家齐心协力，干劲十足，经过多年的艰苦创业和努力经营，目前已经发展成员工过百的中型建筑公司，虽然目前经营状况尚好，但有许多问题已经开始让公司经理吴经理感到头疼。创业初期，公司人手少，吴经理和员工不分彼此，大家也没有具体分工，经常是一个人顶几个人用，拉项目、与工程队谈判、监督工程发展等。大家谁在谁干，不分昼夜，不计较报酬，有什么事情饭桌上就可以讨论解决，吴经理为人随和，十分关心和体贴员工。由于吴经理的工作作风以及员工工作具有很大的自由度，大家工作热情高涨，公司因此快速发展。

然而，随着公司的发展，特别是经营规模扩大后，吴经理在管理工作中不时感觉到不如以前得心应手了。首先，让吴经理感到苦恼的是那几位与自己一起创业的“元老”，他们自恃劳苦功高，将新加入公司的员工一律不放在眼里。这些“元老”们工作散漫，不听从主管人员安排。这种散漫的作风很快在公司内部蔓延，对新员工产生了不良示范作用。宏大建筑公司再也看不到创业初期的那种工作激情了。其次，吴经理经常感觉到与公司内部人员沟通不顺畅，大家谁也不愿意承担责任，遇到事情就来向他汇报，而且提不出解决问题的建议，许多棘手的工作都得吴经理亲自处理。最后,吴经理还感觉到,公司人员的质量意识开始淡化,其对工程项目的管理大不如前,来自客户的抱怨也在逐渐增多。

吴经理焦急万分,他开始逐渐认识到管理的重要性,必须建立起一套合适规范的管理制度,改善目前的不良状况。但如何整顿呢?吴经理想抓纪律,想进行更加规范的管理,想把“元老”们请出公司,想改变现有的分配制度,想全面加强质量管理,可是,这么多工作,应从何处入手,特别是那些与自己一起“打江山”的“元老”们,他更是难以“下手”。

问题:

1.请结合案例谈谈管理在组织中的重要性。

2.针对吴经理面临的难题,说一说你的想法。

第一节　管理概述

一、管理的起源和发展

纵观人类历史,管理是伴随着人类的出现而产生的,一切的社会现象都与管理活动密不可分,任何组织都需要管理活动的支持。无论是原始社会时期还是血缘家族或是氏族公社时期,人类都需要通过分工协作来进行生产,维持自身的生存,这便出现了简单的管理现象。

当人类跨入文明时代后,管理活动得到了空前发展。在工业化之前的奴隶制社会、封建制社会,家庭、部落、城邦、村庄、教会、军队、国家等组织是人类进行生产和生活的基本形式,这些组织的存在和发展一刻也离不开管理活动,而且管理变得越来越重要。大到国家、军队,小到家庭,都需要管理。

现代意义上的管理出现在18世纪下半叶的产业革命后。随着生产力的发展和社会的进步,人类活动逐渐复杂,尤其是在工厂、公司等组织形式出现后,人们对管理活动的需要与以往相比更为迫切,以此进一步推动了管理活动的发展。

二、管理的界定

管理活动具有很强的目的性。管理就是为了实现一定的组织目标,一切管理活动都是围绕组织目标来展开的,也就是说,管理排斥一切与组织目标无关的组织投入。管理必须拥有一定的组织资源。组织资源既是组织构成的要素,又是管理活动的基础,从操作上讲,管理就是使用资源,没有相应的资源,管理就无从谈起。管理是通过计划、组织、指挥、控制活动来进行的。这些活动缺一不可,它们一方面使管理工作有别于一般作业,另一方面又使管理工作成为一个整体。管理活动是在组织这个载体上展开的。管理离不开一定的组织,一切管理活动都是依托组织进行的。换言之,不存在组织之外的管理。

在所有类型的组织中,管理都是一种利用组织资源去完成某个目标并取得一定绩效的活动,因此管理可以界定为:通过对组织资源的计划、组织、领导和控制,以有效的实现组织目标的过程。

三、管理的概念、性质及特点

(一)管理的概念

管理活动伴随着人类的出现而出现,但是“管理”的定义,从不同的角度出发人们有不同的理解。从古至今,许多中外学者从不同的角度出发,对管理作了不同定义,其中较有代表性的有:

①古典管理理论的主要代表人之一,管理过程学派的创始人——亨利•法约尔认为:管理是所有的人类组织都有的一种活动,这种活动由五项要素组成:计划、组织、指挥、协调和控制。

②现代管理学之父——彼得•德鲁克认为:管理是一种工作,它有自己的技巧、工具和方法;管理是一种器官,是赋予组织以生命的、能动的、动态的器官;管理是一门科学,一种系统化的并到处适用的知识;管理也是一种文化。

③决策理论学派的主要代表人物——赫伯特•西蒙认为:管理就是制定决策。决策贯穿管理的全过程,决策是管理的核心。

④美国著名的管理学教授,组织行为学的权威学者——斯蒂芬•罗宾斯认为:所谓管理,是指同别人一起,或通过别人使活动完成得更有效的过程。

⑤我国学者杨文士、张雁认为:管理是一定组织中的管理者,通过实施计划、组织、人员配备,指导与领导、控制等职能来协调他人的活动,使别人同自己一起实现既定目标的活动过程。

⑥我国学者芮明杰认为:管理是对组织的资源进行有效整合,以达成组织既定目标与责任的动态创造性活动。

管理的内涵之所以内容各异,主要是因为人们角度不同或分属不同的流派,以及研究方法或所运用的研究工具的不同。管理定义的多样性,既反映了人们研究立场、方法和角度的不同,也反映了管理科学的不成熟。

(二)管理的性质

1.管理具有二重性

马克思在《资本论》中指出:“凡是直接生产过程具有社会结合过程的形态,而不是表现为独立生产者的鼓励劳动的地方,都必然会产生监督劳动和指挥劳动。”这表明,任何社会的管理都具有两重属性——自然属性和社会属性。

(1)自然属性

管理的自然属性通俗来讲就是“指挥劳动”,自然属性同生产力直接相关,它产生于集体劳动,表现为合理组织生产力的一般职能。

(2)社会属性

管理的社会属性即“监督劳动”,是同生产关系直接联系的,是由共同劳动所采取的社会结合方式的性质产生的,受到生产力水平的制约,反映生产力发展对管理的一般要求,是维护社会关系和实现社会生产目的的重要手段。

管理的两重性是相互联系、相互制约的，一方面管理的自然属性不可能孤立存在，它总是在一定的社会形式、社会生产关系条件下发挥作用，同时，管理的社会属性也不可能脱离管理的自然属性而存在，否则管理的社会属性就会成为没有内容的形式。

2.科学性和艺术性

管理既是一门学科也是一门艺术，是科学和技术有机结合的产物。

(1)科学性

管理的科学性把管理看作一种有组织的活动，管理作为一个活动过程，其间存在着一系列的基本客观规律，人们经历无数次的失败和成功，通过从实践中收集归纳检测数据，提出假设验证，假设从中抽象、总结出一系列反映管理活动过程中客观规律的管理理论和一般方法。人们用这些理论和方法来指导自己的管理实践，又以管理活动的结果来衡量管理过程中使用的理论和方法是否正确，从而使管理的科学理论和方法在实践中得到不断的验证和丰富。

(2)艺术性

管理的艺术性强调管理活动的实践意义。仅凭书本上的管理理论来进行管理活动是不能保证其成功的，管理人员只有在实践中发挥积极性、主动性和创造性，因地制宜地将管理知识与管理活动相结合，才能进行有效的管理活动。所以，管理的艺术性强调管理活动，除了要掌握一定的理论和方法，还要灵活运用这些知识和技能。

3.技术性

管理的技术性是指，管理本身具有一系列技术工具和方法，可以解决实践中的技术问题。当组织面临劳动配置、提高组织效率、降低成本等一系列复杂问题时，其就需要用管理中的技术工具来解决。常用的技术方法和技术工具有：PEST分析、SWOT分析、决策树法、战略地图等。管理人员只有掌握好管理的技术方法和技术工具，才能科学有效地发挥管理的作用。

第二节　管理者和管理职能

一、管理的角色

根据组织中不同的工作岗位和工作性质，我们可以简单地将组织成员划分为操作者和管理者两类。

操作者在组织中直接承担某项工作或事务，没有承担监督他人的责任，做好本职工作即可。例如，车间里的普通工人。

管理者则是在组织中按照组织目的指挥别人活动的人，即使自身也要承担事务性工作，但其主要职责是指挥下属人员工作。例如，销售经理。一个组织内有各种类型的管理者，下面将从组织层次和职能两个角度来分析。

(一)从层次分析(图1-1)

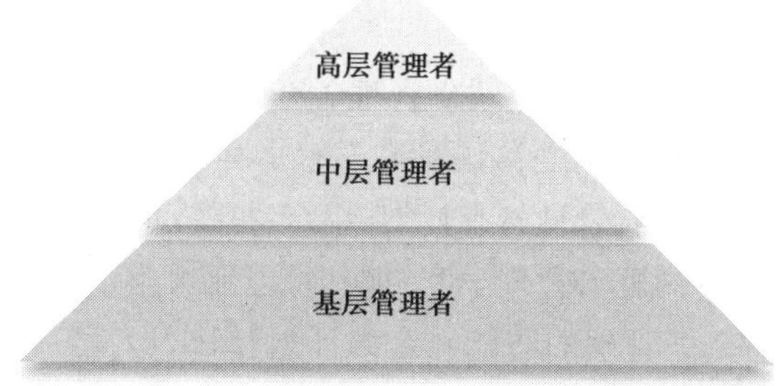

图1-1　管理者的层次分类

1.高层管理者

高层管理者处于组织管理中的最高位置,负责制定组织总目标、总战略、大政方针,评价整个组织的业绩,沟通组织与外界的交往联系等。高层管理者很少从事具体的事务性工作,而把精力放在组织的全局性或战略性问题上。如学校的校长、行政机关的首脑等,企业的董事会董事、总裁、副总裁、总经理和副总经理以及其他高级职员等都属于高层管理者。

2.中层管理者

中层管理者位于基层管理者和高层管理者之间,其主要职责是贯彻高层管理者制订的计划和决策,同时负责监督和协调基层管理者的工作。中层管理者在组织中起承上启下的作用,对上下级的信息沟通、政令通行等均负有重要的责任。企业总公司生产、财务、人事等部门经理、分公司经理等都属于中层管理者。

3.基层管理者

基层管理者是组织中最底层的管理者,其主要职责是给下属作业人员分派具体工作任务,监督下属人员的工作情况,协调下属人员的活动,保证上级下达的各项计划顺利完成。基层管理者通常是作业现场的监督、管理人员,在企业中主要是指车间主任、工长等。

(二)职能分析

管理人员的职能主要是按其从事管理工作的范围大小及专业性质而进行分类,一般可以划分为综合管理人员和专业管理人员。

1.综合管理人员

综合管理人员指负责管理整个组织或组织中某个事业部全部活动的管理者。除了高层管理者中的主要领导人,中层管理者甚至基层管理者中的直线主管人员一般是综合管理者。综合管理者由于工作范围较广,因此一般其要全面熟悉业务,有较强的整体意识,善于听取各方面意见,有较强的综合协调能力。

2.专业管理人员

专业管理人员一般是仅仅负责管理组织中某一类活动或职能的管理者。根据这些管理者所管理的专业领域的性质不同,其可以具体划分为:生产管理者、营销管理者、财务管理者、人力资源管理者、其他专业管理者(如研究开发管理者、公共关系或客户关系管理者、行政管理者等)。

二、管理的职能

管理职能即管理的功能和职责,也就是管理者在进行管理活动时应该从事的活动或者内容。最早对管理职能进行概括的是法国管理学家亨利·法约尔,他在1916年所出版的《工业管理与一般管理》一书中指出,管理具有计划、组织、指挥、协调和控制五大职能。

20世纪50年代中期,美国著名管理学家、加利福尼亚大学洛杉矶分校的哈罗德·孔茨教授和其同事西里尔·奥唐奈把管理的职能界定为计划、组织、人事、领导和控制,并把这种职能划分作为他们编写的管理学教科书的框架。

许多管理学者从不同的角度对管理职能进行不同的界定,并形成了不同的流派,随着时代的发展,管理职能的认识逐渐趋于统一,目前人们习惯于把管理职能划分为四个,即计划、组织、领导、控制,并且这种职能划分方法居于管理学的主流地位(图1-2)。

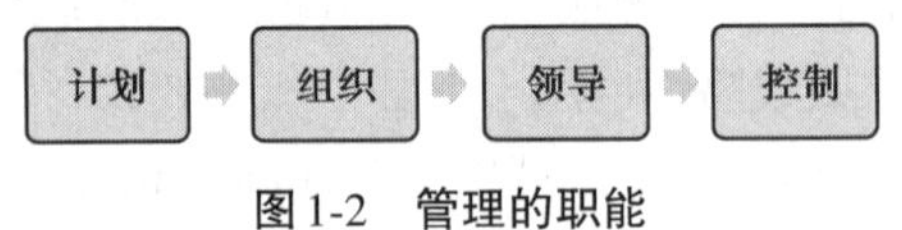

图1-2 管理的职能

1.计划

所谓计划,就是"制订目标并为实现这些目标采取必要的行动"。一般来说,计划职能主要包括:分析组织活动的环境和条件、根据组织的资源和优劣势明确目标和方案、由"5W2H"制订详细具体的行动计划。

2.组织

组织是管理的行为主体。组织是指"确定所要完成的任务、由谁来完成任务以及如何管理和协调这些任务的过程"。组织职能包含明确组织所承担和需要完成的任务,通过组织机构和结构的设置明确谁去完成这些工作,信息、资源在组织内如何流动,组织任务与工作如何协调,以及权力的划分、组织变革等。

3.领导

领导是在组织中产生并在组织中发挥作用的。领导是指"激励和引导组织成员以使他们为实现组织目标作出贡献"。领导职能包含确定领导的模式,激励下属人员并引导和指导他们实现组织的目标,选择有效的沟通渠道,促进人们相互理解以及解决组织成员之间的冲突等。

4.控制

控制是和计划关系最为密切的管理职能。控制是指按预定计划、标准对企业各方面的实际情况进行检查,考察实际完成情况同计划的差异,发现偏差并且及时调整,保证计划的实现。

管理的职能之间存在某种逻辑上的先后顺序,即一般是先计划继而组织,然后领导,最后控制,如果从某一时段来看,管理活动大体是按照这样的先后顺序依次发生的,但是管理职能的这种逻辑上的先后顺序并不等于管理工作,不一定非要按这样的先后顺序机械地进行管理工作,事实上,在具体的管理活动或管理工作中,这些职能通常有机地融为一体,形成各职能活动的相互交叉、周而复始的反馈和循环过程。另外,不同组织层次在管理职能重点上是存在差别的,一般来说,高层管理人员由于更多地关注企业战略和计划的执行结果,其在组织工作和控制工作上所花费的时间会相对多一些,基层管理人员更加注重的是企业战术层面的事务,其用在领导工作上的时间比高层管理人员多一些。

划分管理职能,其意义主要体现在两个方面:一方面,管理职能把管理过程划分为几个相对独立的部分,在研究理论上能更清楚地描述管理活动的整个过程,有助于实际管理工作以及管理教学工作的进行。另一方面,划分管理职能有利于管理者在实践中实现管理活动的专业化,使管理人员更容易从事管理工作,提高管理效率。

第三节 管理的基本原理

一、人本原理

组织是人的集合体,组织活动是由人来开展的,组织活动的管理既是对人的管理,也是通过人进行的管理。人是组织的中心也是管理的中心,人本原理是管理的首要原理。

以人为中心的人本原理要求对组织活动的管理既是“依靠人的管理”,也是“为了人的管理”。“依靠人的管理”一方面强调组织被管理者参与管理,参与组织活动方向、目标以及内容的选择、实施和控制,另一方面强调根据人的特性对组织、对人进行管理,重视管理的人性化。活动方向(做正确的事)与方式(用正确的方法做事)的选择影响着组织活动的效益水平。“为了人的管理”是指管理的根本目的是为人服务的。管理的为人服务不仅应包括通过管理工作来提高组织业务活动的效率,从而使组织能够更好地满足服务对象的要求,而且应包括通过管理工作,充分实现组织成员的社会价值,促进组织成员的个人发展。

二、系统原理

所谓管理的系统原理,是指管理活动要组织和协调组织系统中各要素之间、各要素与系统整体之间、组织系统与组织环境系统之间的关系,从而保证组织系统活动的正常进行和组织目标的实现。就是说,管理者在管理一个组织系统时必须运用系统理论、系统思路、系统方法来进行。

管理活动所要处理的每一个问题都是系统中的问题。因此,解决每一个具体的问题,不仅要考虑该问题的解决对直接相关的人和事的影响,还要顾及对其他相关因素的影响;不仅要考虑到已经产生的影响,还要考虑到可能产生的影响。

管理必须有层次观点。组织及其管理活动是一个多元、多级的复杂系统。在这个系统中,不同层次的管理者有着不同的职责和任务。各管理层次必须职责清楚、任务明确,并在实践中各司其职、各行其权、各负其责,以正确发挥各自的作用,实现管理的目标。

管理工作必须有开发观点。组织与环境的作用是交互的，管理者不仅应根据系统论的观点，注意研究和分析环境的变化，及时调整内部的活动和内容，以适应市场环境特点及变化的要求，而且应努力通过自己的活动去改造和开发环境，引导环境朝着有利于组织的方向发展。

三、效益原理

任何组织在任何时期的存在都是为了实现一定的目标。同时，任何组织在任何时期的目标活动都需要组合和利用一定的资源，从而付出一定的代价。效益是指组织目标的实现与实现组织目标所付出的代价之间的一种比例关系。组织目标能否实现，实现的程度高低，通常与目标活动的选择有关。活动的内容选择不当，与组织的环境特点或变化规律不相适应，那么，即使活动过程中组织成员的效率很高，结果也只能是南辕北辙，无法实现组织目标。追求组织活动的效益就是尽量以较少的资源消耗去实现组织的既定目标。

四、适度原理

组织在业务范围的选择上既不能过大，也不能过小；在管理的范围上，既不能过大，也不能过小；在权力的分配上，既不能完全集中，也不能绝对分散，必须在两个极端之间找到一个恰当的点，进行适度管理，实现适度组合。正因为存在这些相互对立的选择，管理者的劳动才显得更加重要，同时正因为这些对立的存在从而有寻求最佳组合的必要，才决定了管理者的工作效率更多的不是取决于对管理的理论知识和方法的掌握，而是取决于对所掌握的知识和方法的应用。

第四节　管理学概述

一、管理学的特点

(一)一般性

管理学作为一般管理学，区别于“宏观管理学”和“微观管理学”。它是研究所有管理活动中的共性原理的基础理论学科，无论是“宏观管理”还是“微观管理”，其都需要学习管理学的原理。管理学是各门具体的或专门的管理学科的共同基础。

(二)综合性

在内容上，管理学需要从社会生活的各个领域、各个方面以及各种不同类型组织的管理活动中概括和抽象出对各门具体管理学科具有普遍指导意义的管理思想、原理和方法。在方法上，管理学需要综合运用现代社会科学、自然科学和技术科学的成果，研究管理活动过程中普遍存在的基本规律和一般方法。管理活动是很复杂的活动，影响这一活动的因素是多种多样的。

(三)历史性

任何理论都是实践和历史的产物,管理学尤其如此。管理学是对前人管理实践和经验与管理思想和理论的总结、扬弃和发展。割断历史,不了解管理历史和前人对管理经验的总结,不进行历史考察,就很难理解建立管理学的依据。

(四)实践性

管理学是为管理者提供从事管理的有用的理论、原则和方法的实用性学科。管理的实践性表现为它具有可行性,而它的可行性是通过经济效益和社会效益来加以衡量的。因此,管理学又是一门实用学科,只有把管理理论同管理实践相结合,才能真正发挥这门学科的作用。

二、管理学的研究对象

多数学者认为,管理学的研究对象就是管理本身。我们认为,管理学是系统研究管理活动的基本规律、基本原理和一般方法的科学,它是以公共管理、企业管理等管理的共性作为自己的研究对象的。具体地说,管理学的研究对象及内容包括以下三个点。

(一)管理的本质和规律

管理的本质包括管理的科学性、艺术性及技术性;管理的二重性;计划、组织、领导、控制等管理职能;管理的任务和职能、管理者的角色与技能等。

管理的规律即管理活动的发展变化规律。应该指出的,管理学研究管理的本质及规律,是着眼于企业管理、公共管理等各类管理的共性,即一切管理活动都具有的本质和规律,而一般不涉及各类管理的个性。

(二)管理思想和理论的发展

管理学要研究管理活动的起源与发展、管理思想、管理理论及其方法的起源与发展过程,透视不同时期的管理内容、管理流派、管理方法体系,揭示管理理论发展的历史。在这方面,管理学与作为独立学科的"管理思想史"密切相关。

(三)从生产力、生产关系和上层建筑三个方面研究管理问题

在生产力方面,管理学主要研究生产力诸要素相互间的关系,即如何合理组织生产力的问题,包括组织如何根据组织目标获取人力、物力、财力、信息等各类资源;如何合理配置和使用这些资源,以使其为实现组织目标充分发挥作用。在生产关系方面,管理学主要研究如何正确处理组织中人与人之间的关系;如何实现人与人之间的有效沟通;如何激励组织成员并调动其工作的积极性。在上层建筑方面,管理学主要研究组织的结构与机制,如各类组织结构形式及运行等;维系组织运行的规章及制度;组织及管理者的社会责任和管理道德等。

三、管理学的研究方法

学习管理学是提高管理水平的一条重要途径，并且对管理实践有重要意义，学习管理学的方法有很多，此处简单介绍三种。

（一）案例分析法

案例分析法是指通过对某一典型案例的分析和研究，从中总结管理的规律，分析和揭示管理问题，管理中的许多问题特别是微观组织内部的一些管理问题，都可以用案例研究方法进行研究。该方法是通过对现实中发生的典型管理案例进行整理并展开系统分析，从而把握不同情况下处理管理问题的不同手段和方法，以掌握管理理论，提高管理技能的一种方法。案例分析中所用的都是典型案例，其具有典型性、生动性、具体性，因而能够调动学习者的学习积极性，引导学习者独立思考。

（二）比较研究法

比较研究法是通过对不同管理理论或管理方法异同点的研究，总结其优劣，归纳出具有普遍指导意义的管理规律的方法。比如，对不同社会制度或不同管理体制下的管理加以比较研究；对不同历史条件下、不同生产力水平下的管理加以比较研究；对不同文化背景、不同文化水平条件下的管理加以比较研究。

（三）历史研究法

历史研究法是研究问题的重要方法，它是通过对历史现象的考察分析，认识研究对象的产生发展过程，从而总结出的规律性的结论，并在此基础上预测事物的发展变化趋势，管理学运用历史研究方法，研究管理问题主要从两大方面进行：一是从管理活动的起源与发展来分析研究，什么是管理，为什么产生管理，管理与组织的关系，管理与环境的关系，管理的职能，管理的性质，管理的职责与角色，并从中找出管理的特点和规律，以此建立管理框架体系。二是从管理思想的起源与发展来研究管理问题及历代管理理论者和实践者，根据管理问题的论述或者研究结论来研究管理的职能等问题，揭示管理的特点和规律。

【案例】

管理的作用

新京港物业管理公司是一家中外合资企业，其总经理由香港投资方担任。这位总经理在物业管理这个行业可谓是专家中的专家，他秉持着“用卓越的服务不断提升顾客满意度”，并以此作为公司的企业文化。经过两年的运作，他发现部门间在协调、协作上常常出现问题。由于各部门的协作不顺畅，因此顾客常常对他们表示不满。这些顾客是在世界级的公司工作，他们为自己的顾客提供的服务也都以“世界级顾客服务”为方针，所以他们对物业管理的要求也自然较高。

一次，有位客户打报修电话，电力系统工程部接到电话后，派相关人员到达现场，经过检查，其发现问题不是出在他们所负责的弱电部分，这位工程师给强电主管打电话，对方的口气颇不友善，并直接答复，他已经派人检查过，问题应该由弱电相关人员负责，可是这位负责弱电工程师认为应该由强电主管负责，于是双方就开始理论，发生了争吵。由于双方发生冲突，顾客没有得到及时服务，因此其特别向公司高管投诉。当公司把强、弱电主管分别找去谈话并了解实情时，双方还在互相推诿，认为应该由对方负责。类似这种状况在这家物业管理公司司空见惯，如果没有上层主管确定由谁负责，工作就很难继续开展。当物业公司需要住户填写表格时，行政部门就把此项任务交给前台人员办理。而前台人员对此却抱怨连连，由于他们平日的工作比较繁琐，常需与他人互动，无法专心思考，对填写这种表格的事情他们认为其他部门可协助完成。他们婉拒这项任务并设法将其推给其他部门人员。前台人员碰到顾客反映某些情况时，通常会请顾客打电话直接找相关人员。他们在主动为顾客服务上无法落实公司理念。此外，前台与保安部门也存在着一些矛盾，他们之间的沟通及协作有时很困难。

又有一次，财务部的人员在大楼走道上，发现水迹未擦干，他们应该通知行政部门注意此事，可是财务部觉得这不是他们的事情，没有及时反映，以致顾客在湿滑的大理石地板上摔倒，受伤的顾客要求物业赔偿，甚至扬言不再交物业费以示抗议。这也造成顾客对公司的声誉无法认同。还有一次，有客户投诉工程技术人员在处理顾客在办公室内加装空调时，坚持公司原则，态度强硬，没有体谅顾客的困难，事后顾客在填写服务反馈表时，表示对服务非常不满意。工程技术人员竟然将表格退还给客户要求其重新填写，理由是这种反馈会使他的绩效受到影响。因此“卓越服务”的理念成为一种形式，成为一种假象。这位来自香港物业公司的总经理感到压力重重。

问题：

1. 新京港物业管理公司案例中的管理作用如何体现？
2. 说出新京港物业管理公司管理工作的科学性与艺术性
3. 如何解决新京港物业管理公司的管理问题，你有哪些建议？

【课堂思考】

1. 管理的职能是什么？如何理解管理职能之间的关系？
2. 为什么说管理既是一门科学也是一门艺术？

第二章　思维与思维培养

【学习目标】

1.知识目标:解释什么是管理学思维,说明为什么要学习管理学思维。

2.能力目标:建立简单的管理学思维,在实际生活中简单辨别管理学思维。

3.情感态度目标:结合中国共产党人的"六种思维",培养正确的管理学思维,在理论层面迈稳步子、夯实根基、久久为功,成为有理想、有担当、有追求的新时代青年。

第一节　管理思维是什么

一、思维与管理思维

思维,指人脑借助于语言对客观事物进行概括和间接反应的过程,以感知作为基础又超越了感知的界限。思维在常规意义上涉及了全部认知或是智力活动,寻求事物的本质联系以及规律性。管理思维,就是管理者在履行不同的管理职能过程中的思考活动,也指向管理行为或者与管理行为相伴相生的一系列思考活动。管理者的思维具有规律性以及相对稳定性,也就是说,管理者可能会按照思维定式来履行管理职能,管理职能也离不开管理学思维。管理学思维不能与形象思维或者逻辑思维等人类基本思维方式相提并论,它是一种经典且重要的专业思维,是一种属于特定职业范畴的思维活动。

管理学作为一门学科,从1954年彼得·德鲁克出版《管理实践》到现在的将近70年时间中,涌现了许许多多被总结归纳的管理学思维。原长虹电器集团的首席执行官倪润峰在人才的管理上融合了中西方管理思维的特点,摒弃中国传统管理思维中过于注重人际关系的弊端,在整个长虹电器集团内部实行相对公平公正的全员合同制,根据工作绩效这一个录用标准来录用人才。在奖励和提拔人才方面,倪润峰为了长虹电器集团的长远利益,敢于"重奖一个人而得罪一群人,重用一个人而得罪一批人"。其中,全员合同制以及大胆创新的奖励和提拔人才从不同方面体现了管理学思维在企业实际运行中的作用。

二、中国共产党人的六种思维能力

在新时代的中国,随着中国特色社会主义的发展,中国共产党人的六种思维也将被运用于管理学思维领域。中国共产党人的六种思维包括战略思维、历史思维、辩证思维、创新思维、法治思维和底线思维（图2-1）。

图2-1　中国共产党人的六种思维

在最初了解管理学的历史演变时，我们运用历史思维能力能有效提升学生的学习动力和学习效率。历史是最好的教科书，在回顾管理学发展历史的同时，总结历史经验，把握新时代的管理学前进方向，就能把握时代命脉，进而增强对管理学学习的主动性。了解管理学的基本原理则适合运用辩证思维，这是认识问题、分析问题和解决问题的一把“金钥匙”。习近平总书记强调：“我们的事业越是向纵深发展，就越要不断增强辩证思维能力。”所以，在之后更深入学习管理学知识的过程中，抓住主要问题以及问题的主要方面有益于对知识的掌控。涉及第二篇决策的内容时，运用战略思维和底线思维来助益对理性决策和决策的影响因素的理解，比如正确判断什么是合理的决策，什么是决策中应当坚守的“底线”等。对于第三篇组织的内容，我们可以联系法治思维来协助建立对组织规范、制度建设以及制度执行的了解。之后，在第四篇中，底线思维和法治思维依然发挥着作用，借助底线思维来理解领导权力的五大来源以及对应的影响组织成员的方式，借助法治思维则便于加深对激励基础的认识。在第五篇中，再次利用了战略思维来增进对控制系统的理解。在最后一篇关于创新的内容中，创新思维则成为认识创新过程及其管理的重要工具。“惟创新者进，惟创新者强，惟创新者胜”，巧妙运用创新思维，勇于突破封闭思维和惯性思维，将对管理学内容有更好的理解。

第二节　为什么学习管理学思维

一、管理思维的普适性

管理思维具有普适性。前文提到，管理思维是属于特定职业范畴的专业性思维，但这并不意味它只能运用于特定的管理范围。从农业、工业到服务业等不同产业，从班级、社团等小规模组织到跨国企业等大规模的组织，从一个组织的基层到高层，无处不需要管理学思维，无处不运用管理学思维。除此之外，在处理与亲朋好友的关系时，在自身的时间规划上，甚至在更多看似不需要管理学或与管理学无关的领域，管理学思维也有一席之地。

企业中处处可发现典型的管理思维，比如创办于1903年的福特汽车公司，采用了“薄利多销”的策略，“标准化”管理生产流程，利用“流水线”进行工业生产，极大地提高了生产效率。福特汽车公司在1925年平均10秒就可以生产出一辆汽车，福特本人更是被公认为对整个社会的发展作出了极大贡献(图2-2)。

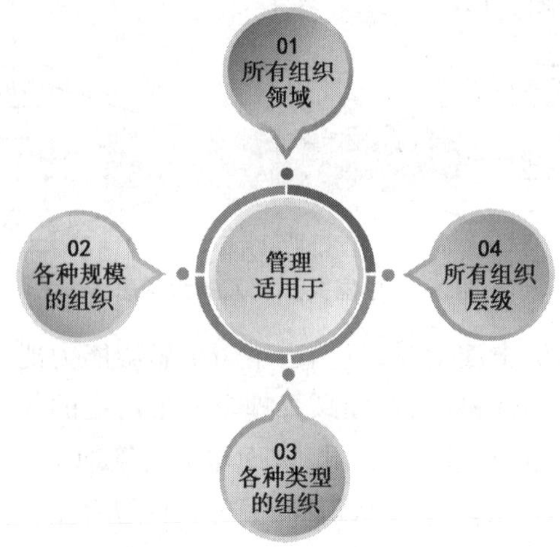

图2-2　对管理的普遍需求

二、管理学思维的实用性

管理学思维具有实用性,在实际工作、生活中可大量运用。现实生活中,大部分人毕业后会进入企业等组织,而在组织中,一个人大多数时候既是管理者也是被管理者。对于未来的管理者来说,运用管理学思维进行思考,能够有效搭建管理学知识框架,夯实管理学技能基础;对于不认为自己会成为管理者的人来说,其应当学会与自己的管理者和谐有效地开展工作。同时,一个人即便不是管理者,也可能会担负一些管理职责。并非只有管理者才需要了解管理学(图2-3)。

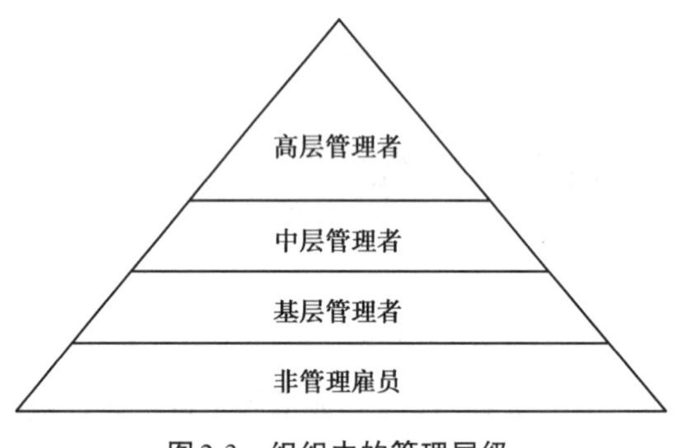

图2-3　组织中的管理层级

三、管理者的优势与挑战

作为一名管理者,其不仅会获得奖励,也会面临诸多挑战。

管理者会在许多方面获得奖励。管理者负责营造更有利于组织成员有效工作、提升绩效的工作氛围,让组织成员最大限度地发挥潜能。拥有更多权限的管理者拥有更大的思考空间以及创新的可能性。管理者引领、支持、培养组织成员,帮助组织成员找到工作中的成就感，管理者自身也能从中获得满足感与成就感。管理者有机会遇见组织内外部各种不同类型的人，能够获得组织的认可及社会地位，可能有更高的薪酬、奖金等。不论什么类型的组织都需要优秀的管理者。

如果没有掌握基本的管理知识，管理职能的发挥很可能遇到困难。管理者，尤其是基层管理者，常常面临许多文书类工作，有时这些工作甚至多于管理工作。管理者不得不和各种类型的人打交道。在组织发展的逆境时期，管理者需要在未来不明确的环境中激励员工。管理者需要协调多样化的组织群体，让组织成员在知识、技能和经验等方面相互取长补短。同时，作为一个管理者，其绩效在一定程度上会受到组织成员绩效的影响（表2-1）。

表2-1　管理者的奖励与挑战

奖励	挑战
创造更有利于组织发展的工作环境	面临更加困难的工作
更大的思考空间及创新的可能性	需要处理许多文书类工作
帮助别人在工作中获得成就感	必须面对不同类型的人
引领、支持、培养别人	必须有效利用有限的资源
与不同类型的人共同工作	需要在不确定的环境中激励组织成员
获得组织的认可及社会地位	协调多样化的组织群体
对组织的绩效产生影响	受到组织成员的绩效影响
获得更高的薪酬、奖金等	
被组织需要	

第三节　建立简单的管理学思维

【案例】

华为旗下的海思芯片

2019年5月，美国时任总统特朗普签署了一项行政命令，宣告禁止企业使用对国家安全构成威胁的公司生产的电信设备。美国商务部和其他政府机构被要求在150天内拟定对这项行政命令的执行计划。在这项行政命令之下，华为公司及数十家附属公司被列入出口管制的名单，美国的这项举动很有可能对中国的科技行业产生重创。正在此时，华为公司全资控股的子公司海思发布了《海思总裁致员工的一封信》。信中提到，华为公司早在多年前就预计到，有朝一日来自美国的先进芯片和技术将受到限制，做出“极限生存”的假设，而前身是华为集成电路设计中心的海思就是为华为的生存

打造"备胎"而存在的。这给人们吃下了一颗定心丸。

华为海思半导体有限公司成立于2004年,在美国打击华为等公司发展的形势下,海思的手机芯片助推了华为手机登上智能手机高峰。海思承载着华为芯片的研发,让华为在美国的封锁下有发展的机会,不至于被扼住命脉,产生更大的损失。然而在美国限制下,只负责芯片设计而不是芯片制造的海思面临着代工厂缺乏的问题。在遭遇数轮制裁后,海思的营收额出现了大幅下滑。华为董事会表示,不会对海思进行重组或裁员,海思是华为的芯片设计部门,华为对它没有盈利的诉求,海思的队伍要不断研究、开发芯片,为未来的发展做准备。

问题:

1.这个案例体现了什么样的管理学思维?

2.在海思公司持续亏损的情况下,你是否认同华为董事会保留海思并持续投入资金的做法?为什么?

3.结合中国共产党人的"六种思维",你对本案例有什么新的看法?

一、管理的基本思维方式

(一)分析管理问题

当面对一个具体的管理问题时,我们怎么用管理思维来解决呢?

首先,应当认清问题到底是什么。有时,人们提出的问题可能是表面的而非本质的。所以最开始就要分清问题的本质,避免做无用功。

其次,在认识到问题是什么后,具体问题具体分析。人们常常因为问题的类似而援引以往的解决方案,但是在管理问题上应该拒绝经验主义,对具体问题进行具体分析,比如分析问题中的主人公是一个什么样的人,或是问题中的事件有怎样的发展脉络等。

(二)设置预期目标

具体分析完管理问题后,要对问题的结果进行预设,也就是人们希望这个问题能得到怎样的处理、有怎样的结果,从而提出具有针对性的解决方案,这就是目标导向。人们要思考如何用有限的资源实现尽可能多的目标,积极运用兼容并包的思想解决问题,避免两极分化。

在这个过程中我们可以运用帕累托最优概念。帕累托最优(Pareto Optimality)是博弈论的重要概念,在管理学、经济学等社会科学中被极为广泛地应用。帕累托最优指的是一种资源分配的理想状态,在不使任何人削减利益的前提下,使至少一个人的境况变得更好,当不能再进行这种变化时,就达到了帕累托最优的状态。在解决问题时,运用帕累托最优概念能在相对平衡的情况下让各方都获得最高的利益。

(三)完成解决方案

了解目标之后,剩下的就是实现目标的具体操作过程。面对问题时,人们会受到环境、资源等的限制,拥有不同条件的人会对同一个管理问题给出不同的解决方案。相比于环境的不确定性,自身具备的条件是相对可控、相对稳定的。我们应该从自身具备的条件出发,认识自我,改变自我,研究在具体的问题上怎样才能更好地解决问题。

二、管理思维原则

为了开发个人潜能以及组织的潜能,从而提升绩效,我们可以从以下七个原则出发,掌握高效的管理思维方式。

(一)目标原则

目标是个人和组织取得成就的起点。组织需要明确的目标。每位管理者都应该对自己的职业及生活抱有梦想、希望和愿景。在面对不同的事项时,最好以目标为导向来确立先后顺序。

(二)承诺原则

承诺是持久的认同,是向别人保证进行某项特定的事件。在进行清楚的交流后,承诺必须创建一个清晰的未来图景,明确结果和期望,这样才能产生积极的影响。承诺是自愿做出的,而非被强迫的。

(三)计划原则

计划可以表示项目,包括规划和设计工作,比如一个研究项目;计划也可以表示向外拓展,超越原有的事物。计划并不意味着浪费时间和繁琐的工作,而是通往成功的管理思维方式。具体的策略有:坚持不懈地从小事做起,通过话语控制自己的思维方式,明确计划的重点,为思考留出空白期,寻求导师等局外人的帮助……

(四)说服原则

在面对有限的资源、较高的期望以及竞争性需求时,人们会遇到不愿意合作、妥协以避免损害自身利益的人。说服是劝说和影响某人,使其采取某种行动或以某种方式进行思考。作为管理者,其必须先理解别人的想法,然后再对这些想法进行重塑,从而让别人支持自己的目的和计划等。

(五)赞美原则

无论在工作中还是生活中,赞美都有极为重要的益处,是激情、创新和成长的鼓励思维方式。真诚、及时并具体地表达赞赏,能够创造积极的反馈循环,是管理者和团队成长的动力。

(六)坚持原则

坚持自己的目标和愿望对于我们来说很重要,但是这种能力常常得不到应有的重视。在工作中,有些事项应该尽快解决,比如客户的投诉,但另外一些事项只能缓慢地发展进而被解决,比如技术的革新。为了实现目标,我们应该了解两种解决方式的优势和劣势,区分需要尽快解决和可以后期解决的事项。与此同时,实现战略目标需要一定的执行力。

(七)准备原则

现实中,常常会出现所有人会预想到和无法预想到的困难和障碍。为了减少在各个事项上花费的时间,人们应该做好充足的准备。具体的策略有学会"迎接"障碍,跳出舒适、安全和可预测的圈子等(图2-4)。

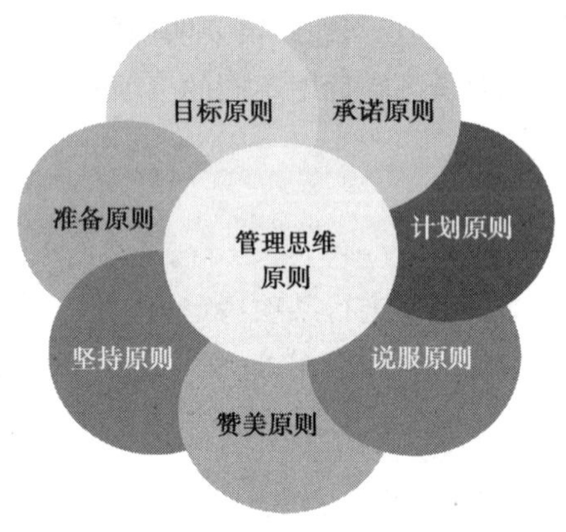

图2-4 管理思维原则

三、六顶思考帽

管理学思维的重要性毋庸置疑,运用恰当的工具合理有效地提高思维能力,能够让原本毫无头绪的思考变得有条理,让团队中一次或许无意义的争论变成一次集思广益的头脑风暴。法国学者爱德华·德·博诺开发了一种"六顶思考帽"的思维训练模式,认为任何人都具备以下六种基本思维功能。博诺认为,思维最主要的困难在于混淆不清,应该避免在相互的争执上浪费时间,寻求推进讨论进程的方法,而非仅仅是争论对错。

蓝色思考帽是指挥帽,代表着冷静的逻辑思维,是对思维过程的控制与组织,管理整个思维进程。红色思考帽代表感性的直觉思维,象征着情绪上的感觉、直觉和预感。绿色思考帽代表着创造力,指向解决问题的思路以及办法。白色思考帽代表中立的客观思维,针对现有的中立事实、信息和数据等进行处理。黄色思考帽是乐观的积极思维,识别问题的正面积极因素,鼓励向事物积极方面进行思考。黑色思考帽是谨慎消极思维,注意、判断和评估事物的负面因素(表2-2)。

表2-2 六种思考帽

思考帽	思维过程
蓝色思考帽	冷静的逻辑思维
红色思考帽	感性的直觉思维
绿色思考帽	跳跃的创造思维
白色思考帽	中立的客观思维
黄色思考帽	乐观的积极思维
黑色思考帽	谨慎的消极思维

典型的六顶思考帽在实际中的应用流程如下：

①陈述问题事实（白色思考帽）。

②提出解决问题的建议（绿色思考帽）。

③评估建议的优缺点，列举优点（黄色思考帽）和缺点（黑色思考帽）。

④对各种选择方案进行直觉判断（红色思考帽）。

⑤总结陈述，得出方案（蓝色思考帽）。

借助这个思维工具，我们能更加全面地思考问题。六顶思考帽是平行思考技能，能帮助人们充分研究不同问题的各种情况，创造出非常规的解决方案，增加建设性产出，提高成员的协作能力，最大限度地发挥团队潜能。

【本章小结】

1.管理学思维是什么

思维是人脑借助语言对客观事物进行概括和间接反应的过程。

管理学思维是管理者在履行不同的管理职能过程中的思考活动，也是指向管理行为或者与管理行为相伴相生的一系列思考活动。

管理学思维具备规律性和相对稳定性，是属于特定职业范畴的专业性思维。

中国共产党人的“六种思维”包括战略思维、历史思维、辩证思维、创新思维、法治思维和底线思维，六种思维在管理学中对应不同的领域。

2.为什么要学习管理学思维

管理学思维具有普适性，在所有组织领域、各种规模和类型的组织以及所有的组织层级都能得到运用。

管理学思维具有实用性，无论是管理者、单纯的被管理者还是担负了一定管理职责的被管理者，在实际的工作生活中都能大量运用管理学思维。

管理者具有更多的优势，例如拥有更大的思考空间及创新的可能性，能够引领、支持、培养别人，帮助别人在工作中获得成就感等；管理者也会面临更多的挑战，例如更加困难的工作、繁重的文书类工作等。

3.建立简单的管理学思维

管理学基本思维方式从以下三步实施：第一步是分析管理问题，在认识问题究竟是什么后具体问题具体分析；第二步是设置预期目标，运用兼容并包的思想对问题的结果进行预设；第三步是完成解决方案，从自身具备的条件出发，认识自我，改变自我，兼顾环境的限制与不稳定性，研究如何更好地解决这个具体问题。

以下七条不同的管理思维原则，有利于开发个人及组织的潜能，进而提升绩效。管理思维原则：目标原则、承诺原则、计划原则、说服原则、赞美原则、坚持原则、准备原则。

六顶思考帽思维训练模式能够让我们的思考更加全面，帮助人们最大限度地发挥潜能，达到目标。

【课堂思考】

新时代的管理者面临着更多的开放性的复杂情境。新的管理方式和管理工具逐渐出现并被应用到实际中，较早出现的如客户关系管理系统、企业流程系统或是人脸/指纹打卡等；近些年出现的如公有设备/公有网络上的操作轨迹监管，甚至是企业内部厕所使用情况监测等。数字化的电子设备和网络信息工具为员工塑造了一种"全景监狱"式的工作环境——即处于中心地带的某个组织权威拥有同时监视所有人的全景视野，但是被监视者并不知道当下自己是否正在被观视。

1. 发挥你的想象力，思考如何在提升监管有效性的同时保护员工的隐私、尊重员工的独立性？

2. 诸如此类的新时代开放式情境，对新时代的管理者和被管理者提出了什么要求？

【管理技能实践】

设计：选择一本管理学经典著作，比如彼得·德鲁克的《卓有成效的管理者》、弗雷德里克·温斯洛·泰勒的《科学管理原理》、彼得·圣吉的《第五项修炼：学习型组织的艺术和实践》等，阅读其中你感兴趣的一个篇章，结合中国共产党人的"六种思维"，撰写读书感悟并分享。

目的：通过撰写读书感悟，学生可以较为深入地了解自己感兴趣的领域，通过阅读著作直接了解管理学大师的思想，同时加深对中国共产党人的"六种思维"的认识。

作业：撰写一篇300字左右的读书感悟/在课堂上进行一次1分钟的读书感悟分享。

【课堂游戏】

游戏设计：教师提前准备若干回形针，将其发放给各个小组。学生在1分钟内想出回形针尽可能多的使用方法。基本规则包括：不允许批评性的话语；鼓励开放性思维；获胜的依据是方法的数量而非质量等。

游戏目的：通过简单实用的练习，给学生创造解决问题的机会，进而激发其创造力。

游戏作业：若干名学生组成小组，其中一人负责统计方法的数量，在1分钟后统计所有小组方法的数目，然后说出其中新颖或不着边际的方法，分析其能否实施。

第三章　管理思想的演变

【学习目标】

1.知识目标：了解人类管理思想和管理活动的发展历史；掌握古典管理理论和现代管理理论的主要代表人物和理论观点；了解现代管理理论的最新趋势。

2.能力目标：具有应用现代管理理念分析和处理实际管理问题的能力。

3.情感态度目标：结合我国历史、党史和现代的国家组织、社会组织、企业组织、班级组织等，从管理思想的高度认识与分析这些组织管理体制的改革活动。

【案例】

威尼斯兵工厂的管理实践

作为水城，贸易对意大利威尼斯有着重要的意义。威尼斯为保护它日益增长的海上贸易，在1436年建立了政府的造船厂以改善依靠私人造船厂的情况。到16世纪时，威尼斯的兵工厂成为当时最大的兵工厂，占地60英亩，雇用工人千余人，为管理学提供了很多有用的经验。

1.组织机构和领导体制

兵工厂设有一位正厂长和两位副厂长。"威尼斯元老院"除了有时直接过问兵工厂的事务外，还派一位特派员作为与兵工厂的联系者。兵工厂内部分成各个巨大的作业部门，由工长与技术人员领导。正副厂长和特派员主要从事财务管理、采购等工作，生产和技术问题则由各作业部门的工长和技术人员负责。兵工厂的管理工作较好地体现了互相制约和平衡的原则。

2.部件存储

兵工厂不只是造船，其还有三重任务：制造军舰和武器装备、储存装备和应用装备、整修储备中的船只。为了做到接到通知后就可以安装军舰，兵工厂必须储存必要的船具和索具。例如，仓库必须经常备有以下部件：5000块坐板、100个舵等，这些备件都编了号码并储存在指定的地方。这样有助于实行装配线作业并为精确计算存货节省时间，加快安装船只的速度。

3.装配线生产

兵工厂在安装船舰时采用了类似于现代装配线的制度，各种部件和备件都安排在运河的两岸并按舰船的安装顺序排列。当船舰在运河中被拖引,经过各个仓库时,各种部件和武器等从仓库的窗户被传送出来进行装配。兵工厂的职员也是按部件和装备的种类安排在各个部门。

4. 部件标准化

兵工厂当时已认识到部件标准化在装配和操作船舰方面的好处是能提高生产速度和降低成本,并能以同样的方式、速度和灵敏度来操纵,使得舰队中的各个船只协同配合。部件标准化包括所有的弓都应该能使所有的箭、适用所有的船尾柱。所有的索具和甲板用具应该统一按同一设计方式建造,以便每一位舵手不需要特别改装部件便适用于船尾柱。

5. 会计控制

威尼斯兵工厂所用的会计和簿记制度同威尼斯工商企业中所用的会计和簿记制度有同样的重要性,但在使用上有所不同。兵工厂把会计作为一种管理控制的手段,对入厂和出厂的每件事务都有详细的记录。

6. 存货控制

威尼斯兵工厂必须储存相当多的船舰以供急需。在14世纪时只要有6条船的储备就够了,之后增加到50条,16世纪时又增加到一百条。兵工厂对此进行了详细记录。在武器方面,兵工厂的武器管理员有存货控制方面的详细记录,即什么武器何时发送等。

7. 成本控制

兵工厂还利用成本控制和计量方法来帮助相关人员做出管理决策。例如,早期由于木料堆放没有次序,寻找一块木料所花的时间相当于木料价值的3倍。通过成本研究,其专门设立一个木料厂有秩序地堆放各种木料,既节省了寻找木料的时间,又能准确地知道库存木料的情况。

8. 人事管理

兵工厂有严格的人事管理制度,严格规定上工、下工和工间休息的时间。按照工作的性质,工人分别按计件工资或计时工资付给报酬。制造装备的技术工人在特别的手艺作坊中,工作由具有手艺的工长领导。工长主要负责技术工作,计算工时、维持纪律等其他工作由其助理处理。兵工厂中设有一个委员会每年开会评定每位工人师傅的成绩,并决定是否提升其工资水平、学徒是否晋升为师傅等。

第一节　西方管理思想的演变

管理学是人类社会特有的实践活动。人类获取生存发展所必需的资料需要组织群体的协作,也就是通过在管理实践下的共同劳动获得生存发展。所以,管理自人类社会形成就已经存在,具有长期性、历史性。管理的各种方式、方法和手段随着人类社会的发展而不断演化。而管理思想是在管理实践的基础上逐渐形成和发展起来的,它经历了从思想萌芽、思想形成到不断系统与深化的发展过程。管理思想的发展可从古代的管理思想和近代的管理思想分析,它可以分为四个阶段:第一阶段为早期的管理思想;第二阶段为古典的管理思想;第三阶段为中期的管理思想;第四阶段为现代管理思想。

一、中外早期的管理思想

(一)中国古代的管理思想

中国是四大文明古国之一,有着五千年灿烂的历史文化。我国古代各族人民以自己的智慧和辛勤劳动为世界提供了许多管理实践和极其丰富的管理思想。如战国时期著名的"商鞅变法"就是通过变法提高国家管理水平的一个范例;西汉文景之治使国家出现了政治安定、经济繁荣的局面;万里长城的修建充分反映了当时我国在测量、规划设计、建筑和工程管理等方面的高超水平,体现了工程指挥者所具有的管理智慧;都江堰等大型水利工程,将防洪、排灌、航运综合规划,显示了我国古代工程建设与组织管理的高超水平;北宋丁谓主持的"一举三得"皇宫修建工程堪称系统管理、统筹规划的范例。

(二)西方早期的管理思想

西方文明主要起源于古埃及、古巴比伦、古希腊和古罗马文明,成熟于工业革命以后。埃及金字塔涉及巨大的工程管控以及众多人员的安排,其对计划能力和管理能力提出了很高的要求;《圣经》中记载的希伯来人领袖摩西的分权管理,说明了大型组织的管理者需要经过授权,才能集中精力过问基层管理者不能解决的问题;色诺芬和柏拉图的劳动分工论精辟地指出一个人在恰当的时机只做适合他的一项工作,而天才则能做得更多、更好且更容易;普鲁士军官毛奇的"作战部队和参谋部法则"被普遍用来管理商业组织的活动。

二、工业革命后的管理实践

随着18世纪60年代工业革命在英国的开始,资本主义出现了工厂制度,大机器生产系统代替了传统的手工业作坊生产体系,企业管理应运而生。新的工厂制度面临着许多管理问题,其中最迫切需要解决的问题是:由于劳动分工的需要,每位工人只能从事某一项工作;由于大批量生产,产品的零件应具有互换性,大机器生产要求工人遵守劳动纪律和操作规程,接受新的监督制度;要求其生产速度应均衡,操作方法应准确和标准化;等等。这一切都要求对每个人的工作进行有效的组织、指挥和协调。可是,在新兴的工厂制度下管理人员不能用以前任何一种管理办法确保资源的合理配置使用,这是一个严峻的挑战。

(一)亚当·斯密的劳动分工观点和经济人观点

英国古典政治经济学家亚当·斯密在其创作的《国富论》中分析增进劳动生产力的因素时,特别强调了分工的作用,他认为分工的益处主要如下:

①分工节约了因工作的经常变动而损失的时间;

②重复同一作业可以使工人的技能得以提升;

③分工使作业变得单纯化,这有利于工具或机械设备的改进。

他提出了生产合理化概念、"经济人"观点以及经济效果概念。他认为,人们在经济活动中追求个人利益，社会上每个人的利益总是受到他人利益的制约。每个人都需要兼顾到他人的利益，由此而产生共同利益，进而形成总的社会利益。所以，社会利益正是以个人利益为立足点的。这就是“经济人”观点。这种观点后来成为整个资本主义管理理论的基础。

(二)小瓦特和博尔特的科学管理制度

在小瓦特和博尔特的科学管理制度中，其根据生产流程配置机器设备，编制生产计划，制订生产作业标准，研究市场动态，进行预测。

①建立详细的记录制度和先进的监督制度；

②制订工人和管理人员的培训和发展规划；

③进行工作研究，并按工作研究结果确定工资的支付办法；

④实行由职工选举的委员会来管理医疗福利费等福利制度。

(三)查尔斯·巴贝奇的作业研究和报酬制度

查尔斯·巴贝奇认为，在企业管理中应该弄清每种作业在1小时内重复的次数，以确定每种工序的精确成本。其在1832年出版的《论机器和制造业的经济》一书中，论述了专业分工、工作方法、机器与工具的使用、成本记录等管理理论。他同意斯密关于劳动分工能提高劳动效率的观点，并进一步指出分工可减少工资支付。他进一步发展了斯密的一些学术论点，阐述了许多关于生产组织方面的科学管理思想。巴贝奇强调劳资合作，他认为劳资双方存在利益共同点。在工资分配上，他提出固定工资加利润分享的制度，认为这种方法可以使员工的利益与工厂的生产效益挂钩，使每位员工都关心生产和管理问题。他主张按照生产贡献率的大小来确定工人的报酬，按照工作性质确定固定工资，按照对生产率所作出的贡献分享利润，按照生产率提升的比例设定奖金。

(四)罗伯特·欧文的人事管理思想

罗伯特·欧文曾在其经营的一家大纺织厂中进行过对工人和工厂所有者双方都有利的方法和制度的实验。实验内容主要包括改善工作条件、提高工资、改善生活条件、发放抚恤金等。因为欧文开创了在企业中重视人的地位和作用的先河，因此被人们称为“人事管理之父”。

上述这些管理思想适应了当时经济和生产发展的需要，虽然不系统全面，没有形成专门的管理理论和学派，但对促进生产及后来科学管理理论的产生和发展起到了积极作用。

三、古典管理理论

古典管理理论是在19世纪末20世纪初形成的，随着科学技术水平和生产社会化的不断发展，资本主义从自由主义竞争向垄断主义过渡，大批大规模的资本主义公司兴起，企业管理日益复杂，以往凭借个人经验和能力管理企业的管理方式不再适应生产力的发展，一系列古典管理理论应运而生。

(一)科学管理理论

科学管理的创始人是美国的弗雷德里克·温斯洛·泰勒,他在1911年出版的《科学管理原理》一书中指出了改善生产效率的基本理论和方法,奠定了科学管理理论的基础,因此被尊称为“科学管理之父”。

1898年,泰勒在伯利恒炼钢厂做了著名的“搬运生铁实验”。这个工厂的原材料是由一组记日工搬运的,工人每天挣1.15美元,这在当时是标准工资,每天搬运的铁块重量有12~13吨,对工人的奖励和惩罚就是找工人谈话或者开除工人,有时也可以选拔一些较好的工人到车间里做等级工,并且其可得到略高的工资。后来泰勒观察研究了75名工人,从中挑出了4名,又对这4名工人进行了研究,调查了他们的背景、习惯和抱负,最后挑了一个叫施密特的人,这个人非常爱财并且很小气。泰勒要求这个人按照新的要求工作,每天给他3.85美元的报酬。泰勒通过仔细研究,使施密特转换各种工作因素,观察生产效率的变化。例如,有时施密特弯腰搬运货物,有时又直腰搬运货物,后来他又观察了施密特行走的速度和其他的变量。通过长时间的观察,并把劳动时间和休息时间很好地结合起来,施密特每天的工作量可以增加到47吨,同时不会感到太疲劳。他还采用了计件工资法,施密特每天的货物搬运量达到47吨后,工资升至3.85美元。这样施密特开始工作后,第一天很早就搬完了47.5吨货物,拿到了3.85美元的工资。于是其他工人也渐渐按照这种方法来搬运货物,劳动生产率提高了很多。

(1)泰勒把这项试验的成功归结为三个核心点

①对他们进行训练和帮助,使他们获得足够的技能;

②精心挑选工人。让工人了解到这样做的好处,让他们接受新方法;

③按科学的方法进行工作会节省体力。

(2)科学管理理论的基本内容

①科学管理的核心是提高劳动效率;

②工作定额及标准化:为工人制订的合理日工作量计划,使工人掌握标准化的操作方法;

③差别计件工资制:按照工人是否完成定额的工作量而采用不同的计算工资的方法;

④科学挑选工人:挑选出一流的工人,利用作业原理和时间原理对一流的工人进行动作优化,使其达到最高效率;

⑤计划职能与执行职能分开,变经验工作法为科学工作法:管理部门确定科学的工作定额和标准化的操作方法,选用工具,制订计划和发布指令,将实际的执行情况与标准相比较并进行控制,由工人执行,不得擅自改变;

⑥实行职能工长制:职能工长制的实质是将工作细分,一个车间的工长所需要做的工作被分为不同的板块,交由不同的职能工长来做;

⑦实行例外原则:例外原则适用于规模相对较大的企业组织。高层管理者将一般性事务交由下级管理者来处理,只有例外事项和重要问题的决策和监督是由自己来处理;

⑧劳资双方进行“精神革命”:提高生产效率对工人和雇主来说都是有利的,必须相互协

作、共同努力，这样才能创造更多的利润。

(3)泰勒科学管理理论的局限性

①泰勒对工人的看法是错误的。他认为工人的主要动机是经济上的动机，工人最关心的是提高自己的收入，即坚持经济人假设；

②泰勒的科学管理仅重视技术因素，不重视人群或社会因素；

③泰勒仅解决了个别具体工作的作业效率问题，而没有解决企业作为一个整体如何经营和管理的问题。

【案例】

联合邮包服务公司(UPS)雇用了15万名员工，平均每天将900万个包裹发送到美国各地和180个国家。为了实现他们的宗旨——“邮运业中办理最快捷的运送”，联合邮包服务公司的管理当局系统地培训他们的员工，使他们以尽可能高的效率从事工作。以送货司机的工作为例，联合邮包服务公司的工业工程师们对每一位司机的行驶路线进行了时间研究，并对每种送货、暂停和取货活动都设立了标准。这些工程师们记录了红灯、通行、按门铃、穿院子、上楼梯、中间休息喝咖啡的时间，甚至上厕所的时间，将这些数据输入计算机中，从而给出每一位司机每天工作的详细时间标准。为了完成每天取送130件包裹的目标，司机们必须严格遵循工程师设定的程序。当快到发送站时，他们会松开安全带，按喇叭，关发动机，拉起紧急制动，把变速器推到1档，为送货完毕的离开做好准备，这一系列动作严丝合缝。然后，司机从驾驶室到地面上，右臂夹着文件夹，左手拿着包裹，右手拿着车钥匙。他们看一眼包裹上的地址把它记在脑子里，以每秒3英尺的速度跑到顾客的门前，先敲一下门，以免浪费时间找门铃。送完货后，他们在回卡车上的路途中完成登录工作。

生产率专家公认，联合邮包服务公司是世界上效率较高的公司之一。联邦捷运公司平均每人每天不过取送80件包裹，而联合邮包服务公司却是130件。高效率为联合邮包服务公司带来了丰厚的利润。

问题：联合邮包服务公司的管理理念是什么？该管理理念在今天的企业中仍然适用吗？

(二)一般管理理论

亨利·法约尔是古典管理理论的杰出代表，他在管理方面的主要著作有：《工业管理和一般管理》《管理的一般原则》等，后人称他为“管理过程理论之父”。

一般管理理论的主要要点：

(1)企业活动的类别

法约尔认为任何企业都有六种基本活动：技术活动、商业活动、财务活动、安全活动、会计活动、管理活动。管理活动只是这六种活动中的一种，由计划、组织、指挥、协调、控制五种要素组成(图3-1)。

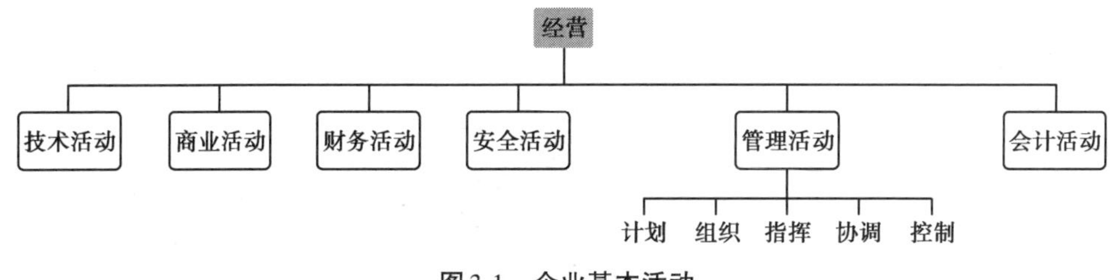

图3-1　企业基本活动

(2)管理的五大职能

法约尔认为所有的管理活动由五个要素组成,即计划、组织、指挥、协调、控制构成了较为完整的管理程序,因此他被公认为管理过程学派的创始人。

(3)管理的十四项原则

①分工原则。分工原则也就是劳动专业化原则,这种劳动分工不只限于技术工作,也适用于管理工作。劳动分工的目的是提高效率。

②权力与责任原则。权力是指挥和要求别人服从的力量。责任和权力是互为因果的,凡有权力行使的地方就有责任。

③纪律原则。其是以企业同其下属人员之间的协定为依据的服从、勤勉、积极、规矩和尊重的表示。

④统一指挥原则。对任何一种工作来说,一个职工只能接受一个上级的指挥,这就是"统一指挥"的原则。法约尔不同意泰罗提出的"分职指导"观念。

⑤统一领导原则。对于力求达到同一目的的全部活动,其只能有一个领导和一项计划,注意与"统一指挥"区别。这项原则要求:在某一个计划中,从事同一类活动的组织成员,只能有相同的目标。

⑥个人利益服从整体利益原则。这一管理原则要求管理人员保证,在企业组织中企业的总目标永远享有至高无上的地位。

⑦员工的报酬原则。员工的报酬是其服务的价格,应该合理,并尽量使其能让企业中的所有人满意(雇主和雇员)。报酬是为企业组织所掌握的一个重要动机诱导因素,完善的报酬制度能够使员工更有价值感,并激发其热情。

⑧集权与分权原则。集权化的程度应该根据组织的规模、条件和管理人员与员工的个人能力及工作经验等因素确定。

⑨组织等级。等级链指一个组织机构中从最高层级管理者到最基层员工的上下级关系的明确的职权等级序列,是一条权力线,也是组织内部传递和反馈信息的必经路径。一般情况下应该遵循这一等级线路来传递信息,自上而下或自下而上,确保统一指挥,但是企业规模过大会影响信息传递的速度。为了克服这一矛盾,法约尔设计出一种"跳板",称为"法约尔桥"。"法约尔桥"意指在两个分属于不同系统的平级部门遇到需要互相协作才能解决的问题时,在上级始终知情的情况下,可以自行商量解决,协商解决不了时再请示上级部门。"法约尔桥"如图3-2所示。

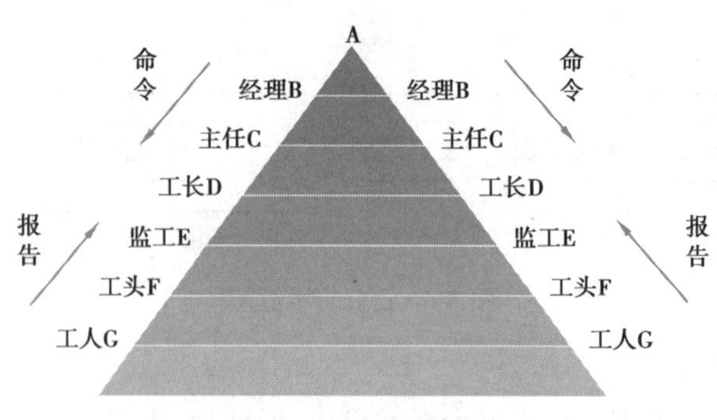

图 3-2 法约尔桥结构

⑩秩序原则。秩序包括人的秩序和物的秩序,秩序原则要求将人和物安排在合适的位置上,发挥资源的最大效益。

⑪公平原则。组织应该树立公平的意识,因为员工被平等对待时才能全身心投入工作,创造价值。

⑫人员的稳定性原则。频繁的人事变动不利于工作或目标的完成。领导应该鼓励员工,尤其是管理者要长时间、稳定地为组织服务。稳定的组织需要稳定的工作团队。

⑬首创精神。这要求所有的管理部门允许所有的成员以某种方式显示其首创精神。对于企业来说,其成员的首创精神是一种力量的源泉。一个能发挥下属人员首创精神的领导,要比一个不能这样做的领导高明得多。

⑭团队精神。要努力在企业内部营造和谐、团结的氛围,这是企业巨大力量的源泉。管理人员必须努力提升企业人员的道德水平。企业组织要求管理人员具有的真正才能是:协调企业内部的各种力量;激发企业人员的工作热情;发挥每个人的才能;奖励每个人取得的成绩且不引起他人的嫉妒,以免破坏企业员工之间的和谐关系。

(三)组织管理理论

马克斯·韦伯出版了《经济与社会》《社会组织和经济组织理论》,提出"理想的行政组织体系理论",被后人称为"组织理论之父"。韦伯的行政组织体系的核心是组织活动通过职务和职位来进行,具有高度结构化、正式化、非人格化的特点。

理想的行政组织体系主要包括以下几个方面的内容:

①明确分工。对每个组织的每位成员的权力和责任都有明确的规定,并使之合法化。

②权力体系。按照职务高低和权力的大小安排管理者,形成一个自上而下的等级森严的指挥体系,每个职务均有明确的职权范围。

③规范录用。人员的任用完全根据职务要求,进而通过正式的考评和教育、训练来实现。每个职位上的人员必须称职,同时不能随意被免职。

④管理职业化。管理人员有固定的薪资和明文规定的晋升制度。

⑤公私有别。管理人员在组织中的职务活动应当与私人事务区分开,公私事务之间应有明确的界限。管理人员没有组织财产的所有权,并且不能滥用职权。

⑥遵守规则和纪律。组织中包括管理人员在内的所有成员必须严格遵守组织的规则和

纪律。

(四)人际关系和行为科学管理理论

乔治·埃尔顿·梅奥是早期的行为科学和人际关系学说的创始人,1927—1936年,梅奥参加了在美国西方电器公司霍桑工厂进行的为时9年的两阶段实验研究,包括车间照明实验、继电器装配实验、大规模的访谈计划、继电器绕线组实验。

【案例】

1.车间照明实验

这项实验在霍桑工厂共进行了两年半时间,试验是在被挑选的两组绕线工人间进行的。一组是"试验组",另一组是"参照组"。在试验过程中,"试验组"不断地增加照明的强度,从24、46、76烛光逐渐递增,而"参照组"的照明度始终保持不变。研究者起初打算考察照明和产量之间的关系,找出一种理想的照明度,在这种照明度下工作,工人的生产效率能达到最高标准。但出乎研究者的意料,试验的结果是两组的产量都在不断提高。后来他们又采取了相反的措施,逐渐降低"试验组"的照明强度,还把两名试验组的女工安排在单独的房间里劳动,使照明度一再降低,从10烛光、3烛光一直降到0.06烛光,几乎和月亮光差不多的程度,这时候,也只有在这时候,产量才开始下降。研究者的结论是:工作场所的灯光照明只是影响生产的一种因素,而且是一种不太重要的因素。除照明外一定还有其他因素影响产量。由于研究者找不到原因,感到不解,许多人都不干了。只有该公司的检查部主任朋诺克当时推测,产量的增加可能是由于工人被试验鼓起的工作热情所影响的。后来于1927年冬天,朋诺克在一次哈佛大学教授梅奥主持的人事经理报告会上把自己的想法告诉了他,并当场邀请梅约参加霍桑实验。梅约接受了邀请,并组织了一批哈佛的教授会同该公司的人员成立了一个新的研究小组。于是开始了第二阶段的研究。

2.继电器装配实验

为了更好地控制影响工作绩效的因素,梅奥选出了6名女工,在单独的房间里从事装配继电器的工作。他们告诉女工可以保持平常的工作节奏,因为试验的目的不是提高产量,而是研究各种工作条件,以找出最适宜的工作环境。在这期间,研究者在试验场所指定了一名观察者,他的任务主要是创造与工人友好的工作气氛,以确保与他们合作。他还做一些管理工作,每天与女工们非正式交谈,以消除她们对实验可能抱有的疑虑。这样与女工之间的谈话就更加自由,彼此的关系比过去就更为亲近了。在试验过程中,其不断地增加福利措施,例如:缩短工作日、延长休息时间、免费供应茶点等。随着生产效率的提高,研究者起初以为是这些福利措施刺激了工人生产的积极性。随后他们又暂停实施这些措施,生产效率不但没有下降,反而继续上升。这就证明物质条件的改变并不是提高产量的唯一因素。经过对产生这些结果的可能性因素的分析,研究者认定,管理方法的改变可能是改变工人态度和提高产量的主要原因。

3.大规模的访谈计划

在两年多的时间里,梅约等人组织了大规模的态度调查,在谈话员工人数超过两万次。

在谈话过程中,访问者起初提出的问题大都是一些“直接问题”,如工厂的督导工作及工作环境等,虽然访问者事先声明,将严格保守秘密,请工人放心,可是受访者在回答问题时仍遮遮掩掩,存有戒心,怕厂方知道,怕自己被报复。谈话总是陈词滥调,无关痛痒。后来改用了“非直接问题”,让受访者自行选择话题,这时员工在谈话中反而无所顾忌了。结果在这次大规模的谈话中,梅约等人搜集了有关工人态度的大量资料,经过研究分析,了解到工人的工作绩效、职位和地位既取决于个人,又取决于群体成员。人际关系是影响绩效的一个主要因素。同时,这次大规模的实验,还得到了一个意想不到的效果,就是在这次谈话实验后,工厂的产量出现了大幅度的提高。经研究者分析,这是由于工人长期以来对工厂的各项管理制度和管理方法有许多不满,但无处发泄,这次实验,工人无话不谈,发泄了心中的怨气,由此而感到高兴,产量也因此大幅上升。

4.继电器绕线组实验

这项实验又称群体实验。研究者为了系统观察群体中人们之间的相互影响,在车间里挑选了14名男工,其中9名绕线工、3名焊接工、2名检验员,在一个专门准备的单独房间里工作。实验开始,研究者向工人说明:他们可以尽量卖力工作,报酬实行个人计件工资制。研究者原以为,这套奖励办法会使工人努力工作,提高产量。但结果是产量只保持在中等水平,而且每个工人的日产量都差不多。根据“时间—动作”分析理论,工厂经过计算向他们提出的标准定额是每天完成7312个焊接点,但工人每天只完成6000～6600个焊接点就不干了,即使离下班还有一段时间,他们也自行停工。研究者经过深入观察,了解到工人自动限制产量的理由是:如果他们过分努力,就可能导致其他同伴失业,或者公司会接着制订出更高的生产定额。与此同时,研究者为了了解他们之间的能力差别,还对实验组的每个人做了灵敏测验和智力测验,发现3名生产速度最慢的绕线工在灵敏测验上得分都高于3名生产速度最快的绕线工,其中1名生产速度最慢的工人在智力测验上得分排第一,灵敏测验排第三。测验的结果和实际产量之间的这种关系使研究者联想到群体对这些工人的重要性。1名工人可以因为提高他的产量而得到小组“工资基金”总额的较大份额,而且降低了失业的可能性。然而,这些物质上的报酬却会招来群体的非难和惩罚。因此每天只要完成群体认可的工作量大家就可以相安无事。

5.实验结果

无论工作条件(照明度强弱、休息时间长短、工厂温度高低等)是改善还是不改善,实验组和非实验组的产量都在不断上升;在测试计件工资对生产效率的影响时,生产小组内有一种默契,大部分工人有意限制自己的产量,避免自己受到小组的排斥,奖励性工资并未像传统的管理理论认为的那样,使工人最大限度地提高生产效率;而在历时两年的大规模访谈实验中,职工由于可以不受拘束地谈论自己的想法,发泄心中的闷气,从而态度有所改变,生产率相应地得到了提高。

在霍桑实验的基础上,梅奥分别于1933年和1945年出版了《工业文明的人类问题》和《工业文明的社会问题》两部名著。其中《工业文明的人类问题》标志着人际关系学说的建立,对西方管理理论的发展产生了深远影响,西方管理思想在经历早期管理理论和古典管理理论(包括泰勒的科学管理理论、法约尔的一般管理理论和韦伯的官僚组织理论)的阶段后,进入了行为科学管理理论阶段。

（案例改编自吴翔华，钟萍萍，蒋黎晅，等.管理学概论[M].北京：化学工业出版社，2007.）

问题：梅奥对访谈实验的分析说明了什么？霍桑实验对做好管理工作有哪些启示？

霍桑实验得出了以下结论：

①与工人谈话有助于解除不必要的心理负担和调整个人态度及情绪，从而使自己清楚、明白地提出问题。

②访谈有助于工人与周围人相处。

③访谈还会促进工人与管理人员更好地合作，这就有助于形成工人对工作群体和对工厂的双重归属感。

④与工人交谈是培养管理人员的重要方法。

⑤与工人交谈是获取信息的重要源泉，对于管理人员来说其具有巨大的客观价值。管理人员有三重任务：将科学和技术应用于物质资料的生产；使生产经营活动系统化；组织协作。

在这里，梅奥提出了人际关系的重要性，这是一个管理人员是否成熟的重要标志，也是一个组织是否有效的重要标志。他指出，管理者应该将他的下属员工看作一个社会群体中的社会人，而不应该将其看成一个群体中的个人。人际关系理论包括以下几点：

①工人是“社会人”而不是“经济人”。梅奥认为，人们的行为并不单纯出自追求金钱的动机，还有社会方面的、心理方面的需要，即追求友情、安全感、归属感等，而后者更为重要。因此，不能单纯从技术和物质条件着手，而必须首先从社会心理方面考虑组织与管理的合理性。

②企业中存在非正式组织。企业中除了存在着为了实现企业目标而明确规定各成员相互关系和职责范围的正式组织，还存在非正式组织。这种非正式组织的作用在于维护其成员的共同利益，使之免受其内部个别成员的疏忽或外部人员的干涉所造成的损失。为此非正式组织中有自己的核心人物和领袖，有大家共同遵循的观念、价值标准、行为准则和道德规范等。

非正式组织与正式组织有较大区别。正式组织以效率逻辑为其行为规范；非正式组织以感情逻辑为其行为规范。管理者必须重视非正式组织的作用，注意在正式组织的效率逻辑与非正式组织的感情逻辑之间保持平衡，以便管理者与工人能够充分协作。

③新型的领导能力在于提升工人的满意度。在决定劳动生产率的诸因素中，首位因素是工人的满意度，而生产条件、工资报酬是第二位的。员工的满意度越高，其士气就越高，从而生产效率就越高。满意度取决于工人个人需求的满足，不仅包括物质需求，还包括精神需求。

人际关系学说对人的本性的基本论点是“社会人”。“社会人”假设人不但有经济方面和物质方面的需求需要得到满足，更重要的是人有社会方面和心理方面的需求需要得到满足。人际关系学说认为，要调动员工的积极性，就应该使员工的社会和心理方面的需求得到满足。人际关系学说的这种认识正好与泰勒的“科学管理理论”对人的本性的基本认识相反。

“社会人”的假设的管理思想包括以下几个方面：

①管理员工不应只注重完成生产任务，而应把重点放在关心人和满足人的需要上。

②管理者不能只注重指挥、监控、计划、控制、组织，更应重视员工之间的关系，培养员工的归属感。

③提倡集体奖励制度，不主张个人奖励制度。

④参与管理，让员工不同程度地参与企业决策的研究和讨论。

⑤管理者应发挥上传下达的作用，倾听员工意见，了解员工情感，积极向上级反映。

问题：行为科学理论的主要内容有哪些？他们与早期管理理论有何不同？

第二节　现代管理学派

管理理论在第二次世界大战后得到蓬勃发展，现代管理学派就起源于20世纪40年代。随着科学技术的进步，生产力得到解放与发展，这一切给管理工作提出了许多前所未有的问题，引起各领域专家的注意并使其加入研究管理的队伍，进而出现了研究管理理论的各种学派，呈现出“百家争鸣，百花齐放”的繁荣景象。这是继古典管理理论后管理理论发展的第二个阶段，美国管理学家孔茨称其为“管理理论丛林”。

一、社会系统学派

社会系统学派的代表人物是美国的切斯特·巴纳德，代表作品为《经理的职能》，他被誉为“现代管理理论之父”。该学派的主要观点是：

1.组织是一个合作系统

巴纳德认为：“组织是2人或2人以上，用人类意识加以协调而成的活动或力量系统”，主管人是组织内最重要的因素，具有三个主要职能：制订并维持一套信息传递系统；使组织中的每个人都能作出重要的贡献；阐明并确定本组织的目标。

2.组织的基本条件

组织的基本条件包括明确的目标、协作的意愿、良好的信息沟通系统。

3.管理者的职能

管理者在组织信息系统运行中处于核心位置，需要对成员活动和组织运行进行必要的协调，使得组织目标得以实现。

因此，管理者具有三项职能：确定组织目标；善于激励成员，为实现组织目标作出贡献；建立和维护信息系统。

4.权威接受论

管理者的权威来自其在组织中的职务，即被员工认可。管理者权威的大小和指挥权力的有无取决于下属员工听从其命令的程度。

5.组织平衡

组织对内平衡：组织对个人的诱因要大于或等于个人对组织所作出的贡献。

组织对外平衡:组织的内部效率产生外部效能,它与外部环境相平衡。

6.组织效力与组织效率原则

组织效力指组织实现其目标的能力或实现其目标的程度。组织具有较高的效力是组织存在的必要前提。组织是否有效力是随组织环境以及其适应环境的能力而定的。

组织效率是指组织在实现其目标的过程中满足其成员个人目标的能力和程度。组织效率就是组织的生存能力。

二、决策理论学派

决策理论学派的代表人物是美国经济学家和社会科学家赫伯特·西蒙,他的代表作有《管理行为》《管理决策的新科学》。该学派的主要观点如下。

1.决策贯穿管理的全过程,管理就是决策

制订计划就是决策,组织、领导和控制都离不开决策。

2.决策过程

决策过程包括四个步骤:收集资料阶段;制订计划阶段;选择计划阶段;评价计划阶段。这四个阶段中的每一个阶段都是一个复杂的决策过程。

3.决策标准用"令人满意"标准取代"最优化"标准

以往的管理学家往往把人看成以"绝对的理性"为指导,按最优化准则行动的理性人。"管理人"假设代替"理性人"假设,"管理人"不考虑一切可能的复杂情况,只考虑与问题有关的情况,采用"令人满意"的决策准则,从而做出令人满意的决策。

4.程序化决策和非程序化决策

经常性的活动决策应实现程序化,以降低决策的成本,只有非经常性的活动才需要进行非程序化的决策。

三、系统管理学派

系统理论学派的理论是在一般系统理论的基础上建立的,运用一般系统理论的原理和方法来分析和研究管理问题,侧重用系统的观点来考察组织结构及管理的基本职能。系统理论学派的主要代表人物为美国的弗里蒙特·E.卡斯特和詹姆斯·E.罗森茨韦克,其主要代表作是两人合著的《组织与管理:系统方法与权变方法》。按该学派的观点来看,企业是一个投入—产出系统,投入的是物资、劳动力和各种信息,产出的是各种产品(或服务)。

组织除了组织本身的含义,还是一个开放的社会技术系统,是由五个不同的分系统构成的整体,这五个分系统包括:目标与价值分系统;技术分系统;社会心理分系统;组织结构分系统;管理分系统。这五个分系统之间既相互独立又相互作用,不可分割,从而构成一个整体。这些系统还可以继续分为更小的子系统。

企业是由人、物资、机器和其他资源在一定的目标下组成的一体化系统,它的成长和发展同时受到这些组成要素的影响,在这些要素的相互关系中,人是主体,其他要素则是被动的。管理人员力求保持各部分要素之间的动态平衡、相对稳定性、一定的连续性,以便适应情况的变化,达到预期的目标。同时,企业还是社会这个大系统中的一个子系统,企业预期目标的实现,不仅取决于内部条件,还取决于企业的外部条件,如资源、市场、社会技术水平、法律制度等,它只有在与外部条件的相互影响中才能达到动态平衡。

四、经验主义学派

经验主义学派是以向大企业的经理提供管理企业的成功经验和科学方法为目标,研究并概括实际管理工作者的管理经验和企业管理的实际经验的管理学派。创始人是彼得·德鲁克,代表人物有欧内斯特·戴尔、艾尔弗雷德·斯隆等。

经验主义学派的观点认为,古典管理理论和行为科学都不能完全适应企业发展的实际需要。有关企业管理的科学应该从企业管理的实际出发,以大企业的管理经验为主要研究对象,以便在一定的情况下将这些经验加以概括和理论化,把实践放在第一位,以适用为主要目的,把这些经验传授给企业中进行实际管理的工作者和研究人员,为他们提供建议。对实践经验高度总结是经验主义学派的主要特点。

五、权变理论学派

权变理论学派是研究组织的各子系统内部和各子系统之间的相互关系,以及组织和它所处的环境之间的关系,确定各种变数的关系类型和结构类型的一门学派,它强调管理中要根据组织所处的内外部条件随机应变,针对不同的具体条件寻求不同且适合的管理模式、方案或方法。其代表人物有弗雷德·卢桑斯、弗雷德·菲德勒和琼·伍德沃德等。

该学派认为没有什么是一成不变、普遍适用的"最好的"管理理论和方法,权变管理是依托环境因素、管理思想及管理技术因素之间的变数关系进行研究的一种有效的管理方式。

1.权变关系

权变关系是指环境变量与管理变量之间的对应关系。环境变量包括组织内部与外部环境。管理变量指组织内的管理要素,管理者根据组织发展需要进行要素选择。

2.环境与管理变量

环境是自变量,管理变量是因变量。管理原则与方法的选择以环境的具体条件为依据。

3.结合实际,做出选择

不存在最佳的组织模式,要根据组织的实际情况选择合适的组织模式。

主要的权变理论代表:领导行为连续带模式、权变模式、路径—目标模式、领导—参与模型、不成熟—成熟理论、领导生命周期理论。

六、管理科学学派

管理科学学派也称数量学派、运筹学派。其代表人物有埃尔伍德·斯潘赛·伯法、霍勒斯·C.利文森等。该学派认为,管理就是制订和运用数学模型和程序的系统,以电子计算机作为工具,管理问题的研究由定性分析发展为定量分析,用数学符号和公式来表示计划、组织、控制、决策等合乎逻辑的程序,减少决策中的风险,提高决策的质量,寻求最佳计划方案,保证投入的资源产生最大的经济效益。

1.组织的组成

组织是由“经济人”组成的一个追求经济利益的系统，同时又是由物质技术和决策网络组成的系统。

2.科学管理的目的和步骤

科学管理的目的是将科学原理、方法和工具应用于管理的各种活动中。应用范围为管理程序中的计划和控制。解决问题的步骤为：

①提出问题；

②建立数学模型；

③得出解决方案；

④对方案进行验证；

⑤建立对解决方案的控制；

⑥将解决的方案付诸实施。

七、现代管理学派的新思潮

20世纪90年代，信息技术高速发展，随着全球化、经济一体化进程的加速发展，管理理论体系也迎来了一场与时俱进的革命。组织环境理论、学习型组织理论、企业流程再造理论、精益思想、知识管理是这一时期现代管理理论新思潮的代表思想。

1.组织环境理论

组织环境理论是管理思想发展史的一个里程碑。该理论既包含了管理者对组织内部行为影响的研究，也涵盖了管理者如何控制组织与外部环境，即“组织环境”的关系。

组织环境是指超出组织边界，影响管理者获得组织管理所需要的资源，对组织绩效发挥潜在影响的外部机构或力量。20世纪60年代以来，随着开放系统理论和权变理论的发展，组织环境研究的重要性日益突出。

2.学习型组织理论

学习型组织理论是彼得•圣吉在其撰写的著作《第五项修炼：学习型组织的艺术与实务》中首次提出的。学习型组织就是通过培养组织的学习氛围，发挥员工的创造性思维能力而建立的一种有机的、高度柔性的、扁平的、符合人性的、能持续发展的组织。在学习型组织中，每个人都要参与识别和解决问题的过程，使组织能够不断进行尝试，改善和提高组织的能力。传统组织设计的着眼点是效率，学习型组织的基本价值在于解决问题。

学习型组织的五个要素：建立共同愿景；团队学习；改变心智模式；自我超越；系统思考。

学习型组织的特点可以概括为三点：组织的所有成员充分参与，持续进行自我学习修炼；鼓励员工在实现工作目标中理解工作的意义；员工的学习和自我完善能够帮助组织提升价值与竞争力。

3.企业流程再造理论

企业流程再造理论由美国学者迈克尔·哈默和詹姆士·钱皮在1994年出版的《企业再造》一书中系统提出。自亚当·斯密以来的劳动分工论中，企业运营理论无法适应以客户为导向，具备激烈竞争和快速变化为特征的现代商业环境。企业流程再造的核心是对企业的业务流程进行拆解,重新整合和设计,使企业在成本、质量、服务和速度等方面得到进一步改善,使企业模式适应现代的信息化和全球化环境,大大提高企业的生产力,在业绩上实现突破。企业流程再造理论的特点:依靠信息技术支持,以流程为中心,改善管理流程;摒弃陈旧的管理程序;评估管理流程的所有要素对核心任务是否重要;专注于流程和结果,不注重组织功能,以结果为导向。

企业流程再造理论是对过去组织赖以运作的程序和体系的一场革命,虽然实践中流程再造促进企业自身发展的例子很多,但由于流程再造失败给企业带来巨大损失的例子也不胜枚举。

4.精益思想

精益思想源于20世纪80年代日本丰田发明的精益生产的方式。精益思想的核心就是消除无价值的活动,以越来越少的投入、较少的人力、较少的设备、较短的时间和较小的场地创造尽可能大的价值;同时,越来越接近用户,为其提供价值。詹姆斯·沃麦克和丹尼·琼斯在《精益思想》一书中指出:公司生产的价值必须符合客户的需要。组织创造价值的生产活动围绕客户需求,保留创造价值的环节,摒弃无价值的工作,不断完善流程。

沃麦克和琼斯在他们的著作《精益思想》中提炼出精益管理思想的五个原则:顾客确定价值;识别价值流;价值流动;拉动;尽善尽美。

5.知识管理

20世纪80年代以来,知识经济兴起影响着社会的经济基础和人们的生产生活和思维方式。知识对于企业的兴旺发达、社会的发展进步日益重要。产业、产品的竞争力和企业的综合实力的提升,越来越依靠知识的积累与创新,知识管理作为企业管理的新模式应运而生。

(1)知识管理的含义

知识管理就是对组织的知识进行规划,通过知识的生产与流动,帮助企业实现最大的产出。

(2)知识管理的特征

知识管理的目的是通过对知识的有效利用来提高个人或组织创造价值的能力;在知识管理模式中,最大限度地实现资源的掌握和利用是提高企业竞争力的关键;知识管理的产生意味着科学技术在社会经济中的作用日益突出。

(3)知识管理的内容(图3-3)

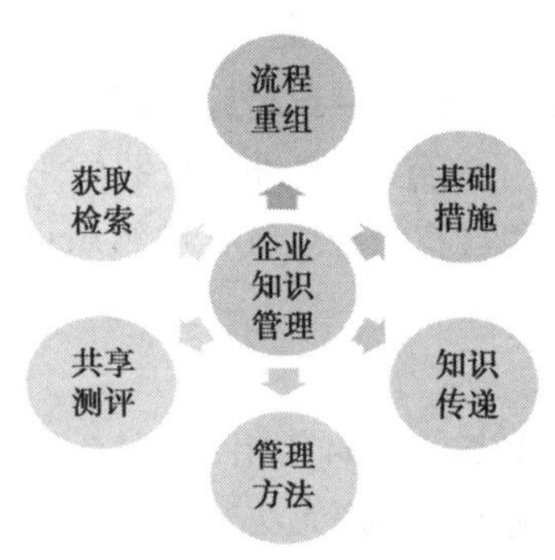

图3-3 企业知识管理的内容

基础措施:知识管理基础措施是实现知识管理的前提条件,即通过技术手段为企业各要素之间提供联系渠道。

流程重组:企业业务流程的重组使企业的知识资源在知识链上形成知识流,员工与业务知识库发生交互作用,在获取业务知识的同时可以在业务知识库中储备自己的知识与经验。

共享测评:营造一种鼓励员工参与知识共享与转化的企业文化,并且建立知识产生效益的评测条例。

获取检索：其主要是指获取知识与检索知识所需要的各种软件或工具的应用。

管理方法：知识管理的方法包括内容管理、文件管理、通讯录管理。

知识传递：如建立共享电子文档、通信群组等。

问题：据不完全统计，中国95%以上企业的中层、基层主管人员都是从技术能力较强的工程师中选拔的。这些人走上管理岗位后普遍面临的问题是：关注技术细节，认真帮助下属，可是他们并不买账；希望下属多提意见，可他们却什么都不说，也不愿意承担责任；凡事亲力亲为，忙得焦头烂额，可是领导者却嫌效率太低；领导者让制订工作计划，自己却无从下手，不知道如何安排工作，更不知道如何确保所领导的团队不出差错……结果自己疲惫不堪还不能实现目标。试讨论什么是管理艺术？这样的研发人员应该掌握哪些管理艺术？他们如何实现从技术向管理的角色转变？

（案例改编自：王凤彬，李东．管理学[M].北京：中国人民大学出版社，2012）

【本章小结】

1.泰勒倡导的以科学为依据的管理理论，其要点为劳资双方进行“精神革命”；科学管理的中心问题是提高劳动效率；工作定额及标准化；差别计件工资制；科学挑选工人；计划职能与执行职能分开，变经验工作法为科学工作法；实行职能工长制。此外，泰勒提出例外原则，其适用于规模相对较大的企业组织和管理活动。高层管理者将一般性事务交由下层管理者来处理，只有例外事项和重要问题的决策和监督由自己来处理。

2.法约尔是“一般管理理论之父”，他将企业的经营活动概括为：技术活动、商业活动、财务活动、安全活动、会计活动、管理活动。管理只是这六种活动中的一种，由计划、组织、指挥、协调、控制五种要素构成。法约尔还提出了十四项管理原则：分工、权力责任、纪律、统一指挥、统一指导、个人利益服从集体利益、人员报酬、集权和分权、等级制度、秩序、公平、人员的稳定、创新精神、团结精神。

3.韦伯是“组织理论之父”，对组织管理理论的主要贡献是提出了“理想行政组织体系”，主要内容包括明确分工、权利体系、规范录用、管理职业化、公私有别、遵守规则和纪律。

4.梅奥是行为科学理论的代表人物，其围绕管理者如何激励员工而进行了一系列员工行为研究。在霍桑实验的基础上，梅奥提出了人际关系理论，他指出：工人是“社会人”而不是“经济人”；企业中存在着非正式组织；新型的领导能力表现为提高工人的满意度。

5.巴纳德是社会系统学派的创始人，该理论认为：组织是一个合作系统；组织要有明确的目标、协作的意愿、良好的信息沟通系统；管理者在组织信息系统运行中处于核心位置，需要对成员活动和组织运作进行必要的协调，帮助组织实现目标；权威接受论；组织平衡；组织效力与组织效率原则。

6.西蒙创建了决策理论学派，其主要观点为：管理就是决策；决策过程包括收集资料阶段；制订计划阶段；选择计划阶段；评价计划阶段；决策标准用“令人满意”的标准取代“最优化”标准；程序化决策和非程序化决策。

7. 现代管理理论的主要学派包括社会系统学派、决策理论学派、系统管理学派、经验主义学派、权变理论学派、管理科学学派。20世纪90年代，现代管理学派进入新思潮，组织环境理论、学习型组织理论、企业流程再造理论、精益思想、知识管理是这一时期的代表性管理理论。

8. 权变理论的核心是：不存在最佳的组织形式，组织结构应该根据组织外部环境的具体因素进行抉择。

9. 企业流程再造是对企业业务流程进行根本性的再思考与设计，使企业在成本、质量、服务和速度等方面得到进一步完善，使企业模式适应现代信息化和全球化环境，大大提高企业生产力，在业绩上实现突破。

10. 精益思想的核心就是消除无价值的活动，以越来越少的投入、较少的人力、较少的设备、较短的时间和较小的场地创造尽可能多的价值；同时越来越接近用户，为其提升价值。

11. 知识管理是对集体知识与技能的有效规划与再发布，组织成员在必要时可以利用这些知识做出最优的决策。其主要内容包括知识管理的基础措施；企业业务流程的重组；知识管理的方法；知识的获取与检索；知识的传递；知识的共享与测评。

【课堂讨论】

你认为各种管理理论最终会被统一吗？什么是具有中国特色的管理理论新思潮呢？

【管理技能实践】

3~4人为一个小组，每个小组选择一个自己熟悉的企业组织，研究讨论该企业组织在不同的历史环境下管理思想的演变历程。准备好在课堂上分享小组成果。

【课堂游戏】

游戏设计：根据所学知识与获得的企业调查信息资料，组建模拟公司。

(1)以自愿为原则，6~8人为一组，组建“××大学生模拟公司”，公司名称自定。

(2)课后进行总经理竞聘，每个人以“我要做一个什么样的管理者”为题，进行竞聘演讲(要有发言提纲)。

(3)投票选出公司总经理，初步组建模拟公司的内部管理团队。

(4)班级组织一次交流，每个公司推荐两名成员进行竞聘演讲。

(5)由教师与学生对各公司的组建情况(含竞聘提纲)进行评估打分。

游戏目的：

(1)培养初步运用管理系统思想建立现代组织的能力。

(2)培养分析、归纳与演讲的能力。

游戏作业：每个学生以“我要做一个什么样的管理者”为题，进行竞聘演讲，并将发言提纲在线上提交进行讨论。

第二篇

决　策

第四章　计划及其制订

【学习目标】

1.知识目标:了解计划的特征和作用;把握制订计划应考虑的问题。了解决策追踪与调整的内涵和原则。

2.能力目标:掌握计划的类型与编制流程、计划的编制方法;掌握推进计划的流程和方法;掌握决策追踪与调整的程序及方法。锻炼学生的团队思维、交流表达、知识获取等方面的能力,培养中层、基层管理人员的综合管理技能。

3.情感态度目标:将理论知识与生活实践结合,引导学生在实践中进行自我管理,从而为学生们"立德树人"打下良好的基础。

【案例】

重庆力争2025年建成国家生态园林城市

5月7日,重庆日报记者从市城市管理局获悉,我市已全面启动创建国家生态园林城市工作,计划2023年完成创建任务,2024年完成申报工作,2025年通过验收达到国家生态园林城市标准。

2022年3月,市政府办公厅印发《重庆市创建国家生态园林城市工作方案》(以下简称《方案》)。《方案》从加强园林绿化综合管理、强化城市生态宜居性、提升城市健康舒适度、加强城市安全韧性和突出城市风貌特色5方面,明确了科学编制城市绿化规划、全面推进园林绿地建设、加强公园绿地建设、开展城市生物多样性保护等22项工作任务。

《方案》提出,到2025年,我市中心城区建成区绿地总量、绿地质量、生态安全显著提升,园林绿地布局更加合理,城市基础设施更加完善,城市环境更加宜居,达到国家生态园林城市标准。其中,中心城区城市绿化覆盖率不低于43%、城市绿地率不低于40%;人均公园绿地面积不低于14.8平方米、每10万人拥有的综合公园不低于1.5个;城市道路绿化达标率不低于85%,打造培育的城市林荫路覆盖率不低于85%。

"结合我市实际,我市创建国家生态园林城市范围为中心城区。"市城市管理局相关负责人介绍,此前我市已成功创建国家园林城市,近年来又开展了增绿添园、坡坎崖绿化美化、街头绿地提质等工作,城市品质不断提升,创建工作已具备较好的基础条件。同时,我市生态园林城市创建工作也同步启动,铜梁、大足、荣昌、云阳、璧山等18个国家园林城市区县将先行创建市级生态园林城市。

（来源:重庆日报网,2022年5月8日）

第一节　计划的含义及影响因素

一、计划

正如沃顿商学院教授、著名战略计划制定程序顾问拉塞尔•L.阿考夫所说:“计划……是预测性决策。”计划即领导者为实现组织目标和发展前景而制订必要的程序和行动方案。计划的重点,一是方向,领导者要向员工指明组织的前进方向,这样才能有利于计划的开展;二是推断预测,领导者应基于组织当前现状,对未来发展前途提出预测性的战略计划。计划的制订过程不仅是对未来的规划,而且有助于组织创建自己的未来蓝图。

二、计划准备

无论是日常生活还是工作,我们都需要一个切实可行的计划来保证我们工作和学习的有序开展。

哪些人需要参与本次计划内容的制订、计划的时间安排等,这些问题都要求我们前期进行充分的准备。在制订计划的过程中,计划准备是指正式启动计划前的前期工作。计划准备工作应该包括六个步骤(图4-1):

①确定组织高层战略规划;

②开发承诺,在首席执行官的承诺下开展后续工作;

③确定计划制订小组;

④召开小组会议,讨论计划制订的相关事宜;

⑤向上级部门报告计划制订的进度;

⑥安排计划工作涉及的机关部门。

图4-1　计划的步骤

三、影响因素

(一)内外部环境

内外部环境的不确定性决定组织必须制订相应的计划,以便适应环境的变化,保证组织的可持续性发展。如何制订切实可行的计划对企业来说至关重要。我们以“海底捞”为例(图4-2)。

S：1.味道独特，特色突出；
2.人性化、亲情化管理，组织内部气氛融洽；
3.考核方式特殊，员工晋升渠道通畅，员工能吃苦且忠诚度高。

W：1.在服务方面的持续创新能力不足；
2.后勤安排制度化、日常化，基本达到了员工的期望值；
3.工作强度大，易引起员工不满。

O：1.良好的服务形象备受年轻人的喜爱；
2.经济持续发展，人民对美好生活的需要逐渐增加，消费观念也在发生相应的变化，为其发展提供了机遇。

T：1.特殊背景下餐饮业经营风险增加，管理难度提高；
2.行业竞争激烈，火锅店等相关餐饮业迅速发展。

图4-2　海底捞的SWOT分析

(二)组织的规模和管理层次

不同规模层次的组织，制订的计划形式不尽相同。大型企业通常分层次制订不同性质的计划。基层管理者制订的是具体的作业计划，而高层管理者一般制订战略性指导计划。

(三)决策问题本身的性质

具体问题具体解决。决策者在决策之前应首先考虑问题的紧迫性，其次考虑问题的重要性。

第二节　计划的分类及其特点

一、计划的分类

(一)按照时间期限划分

计划按照时间期限可分为长期计划、中期计划和短期计划。

任何一个企业都需要制订计划，有了计划，企业的生产经营活动才能有序开展。而对这些长期计划进行细分，就可以制订更加具体细致的中期计划和短期计划。所以长期计划是中期计划和短期计划的保障。企业通过SWOT等专业分析明确自身的优劣势之后，即可制订长期计划，以便后期进行相应的目标管理(Management By Objects，MBO)。目前，许多互联网企业的产业链丰富，公司涉及方方面面的业务，但是联想公司始终坚持自己的长期计划，不为短期投资热所动，将电脑领域“做强做大。”

(二)按照重要性划分

计划按照重要性可分为战略计划和作业计划。

战略计划的制订为员工和管理者提供了框架,可应用于评估战略形势,以统一的认识来讨论各种方案,并按照共同的价值观念和理解来做出行动。战略性计划的时间通常为5年及以上,具有长期性、整体性的特点,是组织通过设立总体目标以便在环境中寻求地位的愿景规划。

作业计划相对于战略计划时间跨度更短,是关于月度及以下的详细计划。作业计划根据企业年、季度计划的要求和各部门的实际情况来制订,是关于企业组织的日常生产经营活动,保证企业战略性愿景规划实现的有效工具。作业计划包括月度销售计划、月度设备维修计划、月度物资采购计划等。制订者一般为基层作业管理者。在单件生产作业计划中,特别是军事及建筑行业中已经广泛使用网络技术,例如关键路线法、计划评审技术。在建筑行业和其他行业的作业计划中,其最常使用的是甘特图。

甘特图(Gantt chart)又称横道图、条状图(Bar chart)。其通过条状图来显示项目、进度和其他与时间相关的系统进展的内在关系随着时间进展的情况。其以通过活动列表和时间刻度表示出特定项目的顺序与持续时间。一张线条图,横轴表示时间,纵轴表示项目,线条表示期间计划和实际完成情况。直观表明计划何时进行,进展与要求的对比。便于管理者弄清项目的剩余任务,评估工作进度。它以作业排序为目的,是将活动与时间联系起来的最早尝试的工具之一,帮助企业描述工作核心等(图4-3)。

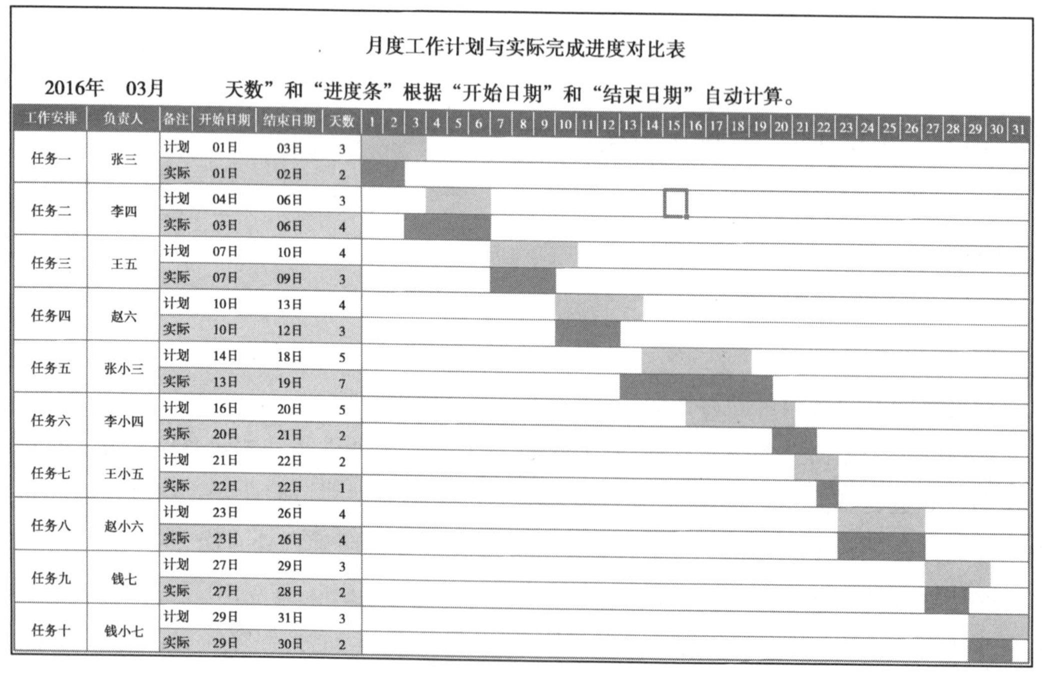

月度工作计划与实际完成进度对比表

2016年 03月 天数”和“进度条”根据“开始日期”和“结束日期”自动计算。

工作安排	负责人	备注	开始日期	结束日期	天数	1	2	3	4	5	6	7	8	9	10	11	12	13	14	15	16	17	18	19	20	21	22	23	24	25	26	27	28	29	30	31
任务一	张三	计划	01日	03日	3																															
		实际	01日	02日	2																															
任务二	李四	计划	04日	06日	3																															
		实际	03日	06日	4																															
任务三	王五	计划	07日	10日	4																															
		实际	07日	09日	3																															
任务四	赵六	计划	10日	13日	4																															
		实际	10日	12日	3																															
任务五	张小三	计划	14日	18日	5																															
		实际	13日	19日	7																															
任务六	李小四	计划	16日	20日	5																															
		实际	20日	21日	2																															
任务七	王小五	计划	21日	22日	2																															
		实际	22日	22日	1																															
任务八	赵小六	计划	23日	26日	4																															
		实际	23日	26日	4																															
任务九	钱七	计划	27日	29日	3																															
		实际	27日	28日	2																															
任务十	钱小七	计划	29日	31日	3																															
		实际	29日	30日	2																															

图4-3 甘特图示例

(三)按照内容的明确性划分

计划按照内容的明确性可分为具体性计划和指导性计划。

具体性计划具有明确的目标,具有较强的可操作性,主要用于经济领域,易于管理者进行考核,但是缺乏相应的灵活性。而指导性计划只规定一般的方针和行动原则,比较灵活,执行者具有较大的自由性,但是不易于管理者进行考核。例如,为销售部门制订一个具体性的计划,规定在未来6个月中,成本降低4%,销售额增加6%;若制订一个指导性计划,则规定在未来6个月内使利润增加5%~10%。显然指导性计划更加灵活多变,具体性计划更加明确。

二、计划的特点

(一)普遍性

组织中的管理者,无论职位高低,或多或少都要进行计划活动,计划活动是各级管理人员的一个共同职能,尽管由于所处的位置和所拥有的职权不同,各级管理人员所从事的计划活动会有不同的特点和范围。一般来说,高层主管主要致力于战略性计划,而中层或基层主管则主要致力于战术性或执行性计划。此外,研究表明,计划活动本身能够使人产生成就感,因而让下属员工从事计划活动有利于调动他们的积极性和主动性。

(二)预见性

预见不是盲目的、空想的,而是以上级管理部门的规定和指示为指导,以本单位的实际条件为基础,以过去的成绩和问题为依据,对今后的发展趋势进行科学预测之后做出的。

(三)首位性

计划是履行其他管理职能的基础或前提条件。常言道,计划在前,行动在后。组织的管理过程首先应当明确管理目标、筹划实现目标的方式和途径,而这些恰恰是计划工作的任务,因此计划位于其他管理职能的首位。例如,在制订控制的标准时,必须以计划为主要依据,并且控制的目的就是更好地实现计划的目标,所以没有计划就谈不上控制。组织职能、领导职能也都与计划职能相关。组织结构设计和组织权责的划分是以实现组织目标为目的的,计划中的组织目标往往导致组织结构的调整和组织权责的重新划分。各级管理者在行使领导职能时,对员工进行引导、激励、约束(如进行绩效评价、实施奖惩)也都是为了实现计划确定的组织目标,因此计划具有首位性。

(四)针对性

计划是根据党和国家的方针、政策和有关的法律、法规,针对本系统、本部门的实际情况制订的,其目的明确,具有指导意义。

(五)目的性

任何组织和个人制订计划都是为了有效地达到某种目标。然而在计划工作开始之前，这种目标可能还不具体，计划工作就是让这些目标具体化，以便执行和完成。在计划工作过程的初始阶段，制订具体的、明确的目标是首要任务，其后的所有工作都是围绕目标进行的。例如，某家百货公司的经理希望明年的销售额和利润额有较大幅度的提升，这就是一个不明确的目标。为此，需要制订计划，根据过去的情况和现在的条件确定一个可行的目标，比如销售额增长20%，利润额增长15%。这种具体的、明确的目标不是单凭主观愿望确定的，它要符合实际情况，是以许多预测和分析工作为基础的。

(六)明确性

计划包括实施的指令、规则、程序与方法，直接指引行动。所以，它不仅需要明确的定性解释，而且应具有定量的标准和时间的界限。具体地讲，计划应明确表达出组织的目标与任务，明确表达实现目标所需的资源(人力、物力、财力、信息等)以及所采取行动的程序、方法和手段，明确表达各级管理人员在执行计划过程中的权力和职责。

(七)效率性

计划的效率性主要是指时效性和经济性两个方面。任何计划都有时间的限制，也有实施计划时机的选择。计划的时效性表现在两个方面：一是计划工作必须在计划期开始之前完成，二是任何计划都必须慎重选择计划期的开始和截止时间。例如在企业中，一般会制订五年或十年期的长期规划、年度计划、季度计划、月度计划等，这些计划都具有不同的计划期。经济性是指组织计划应该是以最少的资源投入获得尽可能多的产出。

第三节　制订计划的方法及意义

一、目标管理法

(一)目标管理法的含义

目标管理(Management by Objectives，MBO)源于美国管理专家彼得·德鲁克，他在1954年出版的《管理的实践》一书中，首先提出了“目标管理和自我控制的主张”，认为“企业的目的和任务必须转化为目标。企业如果无总目标及与总目标相一致的分目标，来指导职工的生产和管理活动，则企业规模越大，人员越多，发生内耗和浪费的可能性越大”。概括来说，目标管理也即让企业的管理人员和员工亲自参加工作目标的制订，在工作中实行“自我控制”，并努力完成工作目标的一种管理制度。目标管理是指由下级与上级共同决定具体的绩效目标，并且定期检查完成目标进展情况的一种管理方式。由此而产生的奖励或处罚则根据目标的完成情况来确定。

(二)“八字方针”

八字方针即授权、沟通、以人为本。

授权:将目标设定与评价、奖惩权交给各级管理者,实现权责对等,而上级不能越权管理。

沟通:存在于目标设定、实施辅导、评价及结果应用的整个环节,只有充分沟通,才能保证计划的有效实施。

以人为本:充分关心员工的成长,并且帮助其成才。

(三)目标管理的特点

①实行参与管理:在制订的计划过程中,各级组织和部门成员应该积极参与计划的制订与分解过程,充分表明自己的观点和看法,这样有利于员工更加清楚地组织计划与自身工作的关系

②重视工作成果:目标管理不要求员工如何做,而是以目标作为标准考核其绩效,评价其工作成果。管理人员应对员工实行“放养”型管理,不必过度监督员工,从而激发员工工作的热情。

③强调组织成员的自我控制:目标管理注重“以人为本”,更加关注员工的自我管理,下属员工应根据组织的目标和考核标准,对自我行为进行控制。

(四)目标管理的属性

目标管理的属性如图4-4所示。

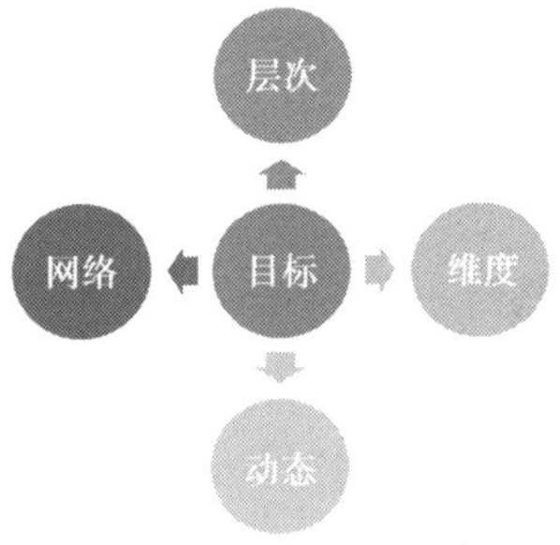

图4-4　目标管理的属性

二、滚动计划法

(一)滚动计划法的含义

滚动计划法是按照“近细远粗”的原则制订一定时期内的计划,然后按照计划的执行情况和环境变化,调整和修订未来的计划,并逐期向后移动,把短期计划和中期计划结合起来的一种计划方法。滚动计划(也称滑动计划)是一种动态编制计划的方法。它不像静态分析,在一项计划全部执行完后再重新编制下一时期的计划,而是在每次编制或调整计划时,将计划按时间顺序向前推进一个计划期,即向前滚动一次,按照制订的项目计划进行施工,对保证项目的顺利完成具有十分重要的意义。但是由于各种原因,项目进行过程中经常出现偏离计划的情况,因此要跟踪计划的执行过程,以发现存在的问题。另外,跟踪计划可以监督过程执行中的费用支出情况,跟踪计划的结果通常可以作为向承包商部分支付的依据。然而,计划却经常执行得很差,甚至会被完全抛弃。其编制方法是:在已制订的计划的基础上,每经过一段固定的时期(例如一年或一个季度,这段固定的时期被称为滚动期)便根据变化的环境条件和计划的实际执行情况,从确保实现计划目标出发对原计划进行调整。每次调整时,保持原计划期限不变,而将计划期顺序向前推进一个滚动期。

(二)滚动计划法的流程

滚动计划法的流程如图4-5所示。

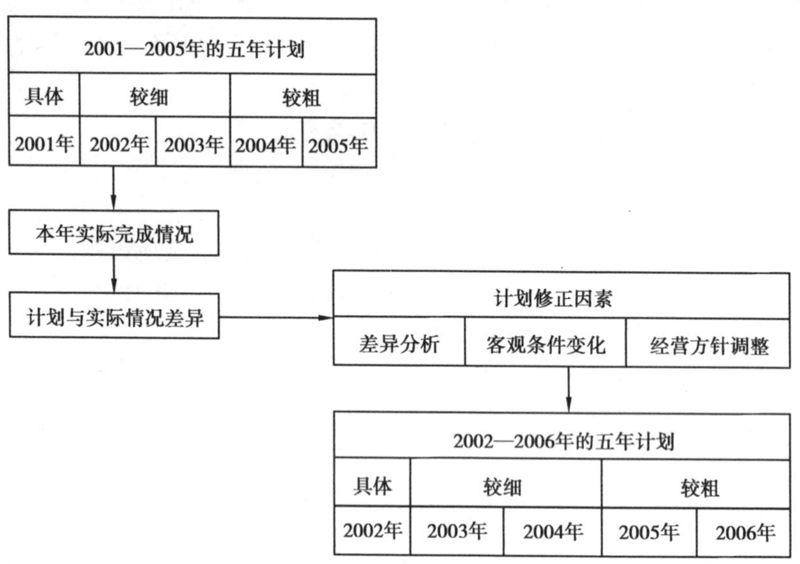

图4-5　滚动计划法的流程

滚动计划法根据一定时期内计划的执行情况,考虑企业内外部环境条件的变化,调整和修订出来的计划,并相应地将计划期顺延一个时期,把近期计划和长期计划结合起来的一种制订计划的方法。在制订计划的过程中,尤其是编制长期计划时,为了能准确地预测影响计划执行的各种因素,可以采取近细远粗的办法,近期计划订得较细、较具体,远期计划订得较粗、较概略。在一个计划期终了时,根据上期计划执行的结果和产生条件、市场需求的变化,对原来的计划进行必要的调整和修订,并将计划期顺序向前推进一期,如此不断滚动、不断延伸。我们能够根据变化的组织环境及时调整和修正组织计划,体现了计划的动态适应性。而且,它可使中长期计划与年度计划紧紧地衔接起来。滚动计划法既可用于制订长期计划,也可用于制订年度、季度生产计划和月度生产计划。不同计划的滚动期不一样,一般长期计划按年滚动、年度计划按季滚动、月度计划按旬滚动等。

【案例】

滚动计划让S公司插上成功了的翅膀

每逢岁末年初,各企业的领导者都会暂时放下手中的其他工作,与自己的核心团队一同踏踏实实地坐下来,专门花些时间制订下一年的工作计划,以求为下一年插上希望和成功的翅膀,让企业各项事业在当年业绩的基础上更上一层楼。但外部环境千变万化,内部条件充满变数,怎样"高明"的计划才能让企业下一年12个月的"漫长"计划科学合理、高效务实,让所有的工作都能按部就班、一帆风顺呢?S公司是中国东部地区一家知名企业,原有的计划管理水平低，粗放管理特征显著，计划管理与公司实际运营情况长期脱节。为实现企业计划制订与计划执行的良性互动，在管理咨询公司顾问的参与下，S公司逐步开始推行全面滚动计划管理。首先，S公司以全面协同量化指标为基础，将各年度分解为4个独立的、相对完整的季度计划，并将其与年度紧密衔接。在企业计划偏离和调整工作中，S公司充分运用了动态管理的方法。所谓动态管理，就是S公司在执行年度计划过程中要对计划本身进行3次定期调整：第一季度的计划执行完毕后，就立即对该季度的计划执行情况与原计划进行比较分析，同时研究、判断企业近期内外部环境的变化情况，根据结论对后三个季度计划和全年计划进行相应调整；第二季度的计划执行完毕后，使用同样的方法对后两个季度的计划和全年计划进行相应调整；第三季度的计划执行完毕后，仍然采取同样方法对最后一个季度的计划和全年计划进行调整。S公司各季度计划的制订是根据近细远粗、依次滚动的原则进行的。这就是说，每年年初都要制订一套繁简不一的四季度计划：第一季度的计划率先做到完全量化，计划的执行者只要拿到计划文本就可以一一遵照执行，毫无困难或异议；第二季度的计划至少要做到50%的内容实现量化；第三季度的计划也要至少使20%的内容实现量化；第四季度的计划只要做到定性即可。同时，在计划的具体执行过程中对各季度计划进行定期滚动管理——第一季度的计划执行完毕后，将第二季度的计划滚动到原第一计划的位置，按原第一季度计划的标准细化达到完全量化的水平；第三季度的计划则滚动到原第二季度计划的位置并细化到至少量化50%内容的水平，依次类推。第二季度或第三季度计划执行完毕时，按照相同原则将后续季度计划向前滚动一个阶段并进行相应细化。本年4个季度计划全部都执行完毕后，下年度计划的周期即可开始，如此周而复始，循环往复。其次，S公司以全面协同量化指标为基础实行三年期的跨年度计划管理模式，并将其与年度计划紧密对接。跨年度计划和季度滚动计划的思路一致。S公司每年都要对计划本身进行一次定期调整。第一年度的计划执行完毕后，就立即对该年度的计划执行情况与原计划进行比较分析。同时研究、判断企业近期内外环境的变化情况，根据统一得出的结论对后三年的计划和整个跨年度计划进行相应调整；当第二年的计划执行完毕后，使用同样的方法对后三年的计划和整个跨年度计划进行相应调整，依次类推。S公司立足于企业长期、稳定、健康地发展，将季度计划—年度计划—跨年度计划环环相扣，前后呼应，形成了独具特色的企业计划管理体系，极大地促进了企业计划制订和计划执行相辅相成的功效，明显提升了企业计划管理、分析预测和管理咨询的水平，为企业整体效益的提高奠定了坚实的基础。

三、网络计划

（一）关键路线法的含义

关键路线法（Critical Path Method，CPM）是运用网络理论、网络图的形式组织管理工程项目的科学方法。基本原理和方法与计划评审技术相同。这种方法强调在网络图中找出关键路线，关键路线就是由影响计划完成的关键环节所构成的计划的始点到终点的时序路线。它通过分析项目过程中哪个活动序列进度安排的总时差最少来预测项目工期的。它用网络图表示各项工作之间的相互关系，找出控制工期的关键路线，在一定工期、成本、资源条件下获得最佳的计划安排，以达到缩短工期、提高工效、降低成本的目的。关键路线法中的工序时间是确定的，这种方法多用于建筑施工和大修工程的计划安排。它适用于有很多作业而且必须按时完成的项目。关键路线法是一个动态系统，它会随着项目的进展不断更新，该方法采用单一时间估计法，其中时间被视为一定的或确定的（图4-6）。

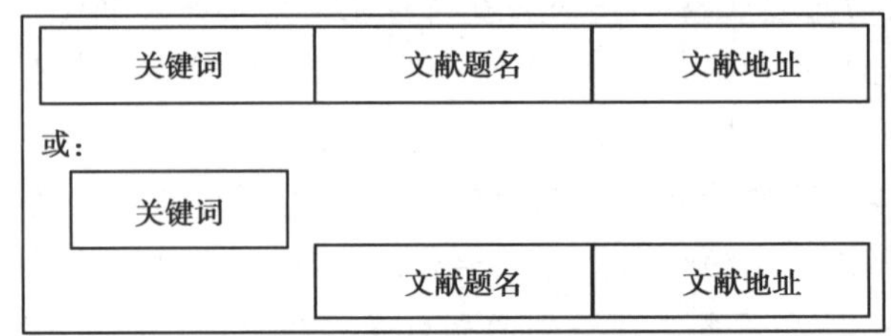

图4-6　关键路线法示例

（二）计划评审技术

计划评审技术是把系统项目当作一个系统，用网络图或表格行货矩阵来表示各项具体工作的先后顺序和相互关系，以时间为中心，找出从开工到完工所需时间最长的关键线路，并围绕关键线路对系统进行统筹规划、合理安排以及对各项工作的进度进行严密的控制，以达到用最少的时间和资源消耗来完成系统预定目标的一种计划与控制方法（图4-7）。

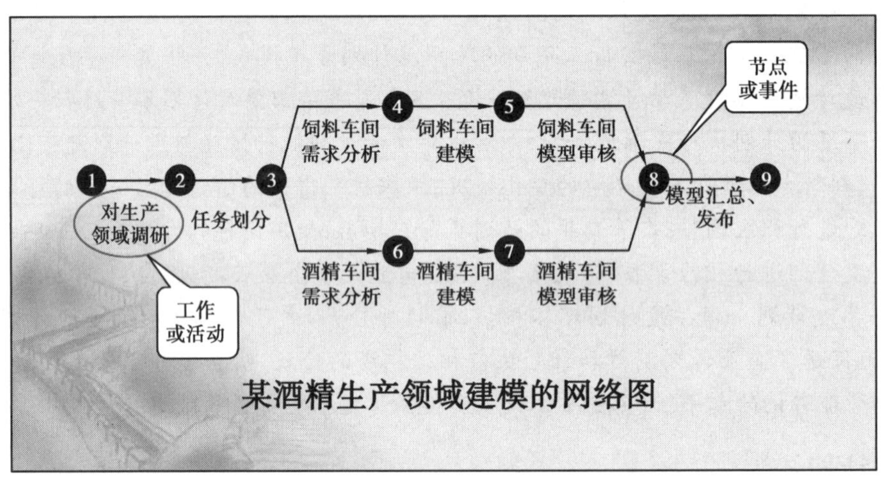

图4-7　计划评审技术示例

【本章小结】

1.计划是领导者为实现组织目标和发展前景而制订的必要程序和行动方案。

2.影响制订计划的因素有内外部环境、组织规模和管理层次，以及决策问题本身的性质。

3.重点掌握计划制订的四种方法

目标管理法：让企业的管理人员和员工亲自参加工作目标的制订，在工作中实行“自我控制”,并努力完成工作目标的一种管理制度。目标管理是指由下级部门与上级部门共同决定具体的绩效目标,并且定期检查完成目标进展情况的一种管理方式。

滚动计划法:根据一定时期计划的执行情况,考虑企业内外环境条件的变化,调整和修订的计划,并相应地将计划期顺延一个时期,把近期计划和长期计划结合起来的一种制订计划的方法。

网络计划法:网络计划法中的关键路线法和计划评审技术。

关键路线法:关键路线法是运用网络理论、网络图形组织管理工程项目的科学方法。

计划评审技术:把系统项目当作一个系统,以时间为中心,以最少的资源来完成系统预定目标的一种计划与控制方法。

【课堂讨论】

在现如今的经济和政治环境下,企业应该制订何种计划来合理安排员工的工作?

【管理技能实践】

制订计划是为了实现组织战略目标的蓝图。班级内3~4人为一个小组,选择一个熟悉的组织为背景基础,采用上述介绍的方法,针对组织各部门制订相应的计划,计划应详略得当,逻辑紧密,最后以小组为单位进行PPT展示。

【课堂游戏】

游戏设计:教师提前准备好某个企业主要部门的卡片,贴在黑板上,同时给每位学生发一张白纸,再向学生提供一些计划——各部门在生产实践过程中所制订的一些计划,教师随意指定一个部门,通过击鼓传花的方式选择学生,让其选择对应部门的计划。

游戏目的:考查学生对每个具体部门制订的计划的辨别能力,让学生在轻松的氛围中掌握本章知识。

游戏作业:3~4名学生组成一个小组,每个小组制订某个企业某个具体部门的计划,计划要具有独特性、创新性,制订三个以上具体部门的计划。

第五章　决策过程及实施

【学习目标】

1. 知识目标：了解决策的过程与实施，重点掌握决策过程的六步与决策实施的四个板块。

2. 能力目标：基本了解三大经典决策理论和十大经典决策模型。

3. 情感态度目标：结合三大经典决策理论、十大经典决策模型和三大决策方法等，帮助学生梳理基本的决策思路，掌握基本的决策流程，帮助学生在学习生活中做出合理的决策。引导学生形成正确的价值取向，增强其制度自信、道路自信。

【案例】

苹果公司决策失误的沉痛教训

苹果公司是20世纪由两位年轻人创建的计算机公司，其现在在美国甚至整个世界的电脑市场都有一席之地。苹果公司早年开发了一项具有多项优势的新成果——Mac型微型电脑，该机的功能多、价格低廉、方便携带，具有对水、热等的优异抗性，这使其在美国电脑市场变得供不应求，即使是十分保守的估计，当年的需求量至少也在数百万台，然而，遗憾的是苹果公司本身的生产能力有限，即使拿出十二万分努力，也只能提供不到这个数字1/6的电脑台数。这种形势使其他电脑制造商闻风赶来，要求苹果公司给予该型电脑的制作许可权。

一个企业如果获得此项授权，那么它每生产销售一台该电脑，则不但自己受益，还要支付苹果公司一笔可观的许可权费用。显然这是对双方都有利的事情，苹果公司当然也清楚这一点。但两个原因使苹果公司对授予其他公司生产制作权的决策迟迟得不到实施。其一是苹果公司对该型电脑的垄断生产销售地位，这种地位令公司财源茂盛、生意兴隆，而授予其他公司制作权实际上就等于部分地放弃这种垄断地位。苹果公司对具有垄断地位的这种美妙感受恋恋不舍。其二是其他电脑制造商为获得制作权进行激烈竞争。苹果公司在评价、比较不同厂商提供的竞争味十足的各种合同文件时，劳心费力，左右为难，难于做出选择，时间就这样流逝。数月后，一家小公司开发一种电脑接口系统“Windows”，该系统接在微电脑上会使电脑性能发生好的变化，显然，凡是已购买了微电脑的消费者都会去装这种系统，更何况费用并不高。但是问题出现了，社会上微电脑的类型颇多，“Windows”系统目前还不能在技术上做到对任何一种电脑都适用。此时，它只能选择一种微电脑作为定型生产的依据。当然，它选择的必然是使用人数最多的那种电脑。这样，IBM公司生产的PC电脑自然被选择。

尽管这种电脑从性能上不如苹果公司的Mac电脑，但是有一点是Mac电脑不能比拟的，那就是较早面世的PC电脑在社会上的保有量已有千万台，而Mac电脑才生产出不足百万台。有了“Windows”系统配套，PC电脑不但在功能上足以与苹果的Mac电脑相媲美。最可怕的是那些原来想购买Mac电脑的顾客，由于Mac电脑供给不足，终于失去了耐心，转而成被IBM的PC电脑所俘虏。因此，Mac电脑本身的盈利能力就大大被削弱。假如苹果公司能及早落实决策，把制作权授予多家电脑厂商，从而用迅速扩大的生产能力占领市场，增大Mac电脑的社会保有量，那么“Windows”系统还能选择IBM的PC电脑吗？最后，决策实施时机的迟疑终于让苹果公司付出了惨重的代价。

苹果公司作为世界上领先的企业，仍然会因为决策失误而蒙受惨重的损失，由此可见，企业决策不仅是企业生存和发展的基础，也是达到企业盈利目标的前提。

问题：

1.仔细阅读案例，请找出案例中苹果公司不能及时做出决策的原因。

2.如果你是苹果公司负责该项目的决策执行者，你会如何做出决策？

第一节　组织设计的任务与影响因素

一、决策的含义

决策是指决定的策略或办法，是人们为各种事件出主意、做决定的过程。它是一个复杂的思维操作过程，是对信息的搜集、加工，最后做出判断、得出结论的过程。

（一）决策的基本特征

决策贯穿于领导活动的全过程，它具有以下基本特征：

预测性：决策是面向未来的，是对未来领导活动的目标以及实现它们的方案的抉择和实施所做的决定；

实施性：决策后总是要付诸实施，它应该有可实施性。

目标性：决策是为了实现领导目标的活动。

创造性：决策是一项创造性活动，这是指领导者发现并提出新问题、新思想、新方法。

优选性：决策总是在既定的条件下，寻找优化的目标和达到目标的最佳途径。

风险性：风险是决策中的必然因素，由于领导决策环境的不确定性，领导者的决策大多是在一种不确定的条件下做出的。

动态性：决策是一个从确定目标到实施再到反馈的过程，包括准备、决断、实施等阶段，同时是一个动态的过程。

(二)决策的原则

系统原则:应用系统理论进行决策,是现代科学决策必须遵守的首要原则。

信息原则:信息是决策的基础。

可行性原则:决策能否成功,取决于主客观等方面的成熟,科学决策不仅要考虑市场的组织发展的需要,还要考虑到组织外部环境和内部条件各方面是否有决策实施的可行性。

满意原则:由于决策者不可能充分地掌握信息并作出准确的预测,对未来的情况也不能完全肯定,因此,决策者不可能进行"最优化"的决策,遵循满意原则,而不是最优原则。

(三)决策的分类

决策按范围分为战略决策、战术决策和业务决策。

决策按性质分为程序化决策和非程序化决策。

决策按主体分为个人决策和群体决策。

决策按问题的可控程度分为确定型决策、不确定型决策和风险型决策。

二、决策的过程

决策过程的六个步骤如图5-1所示。

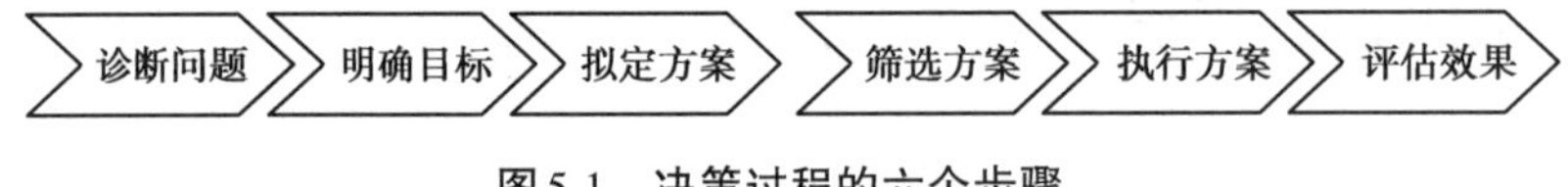

图5-1 决策过程的六个步骤

• 诊断问题,这是决策实施的依据,是决策的起点。

• 明确目标,目标一般应是可计量成果、可规定时限、可确定人员责任的。

• 拟订方案,设计罗列有价值的备选方案,寻找达到目标的途径。

• 筛选方案,以价值准则为尺度对备选方案可能产生的结果进行评价和估量,选定最佳方案。

• 执行方案,正式实施前,在小范围内或就其关键部分进行试点或试验,以验证其运行的可靠性。如不可靠,则对上述各步骤进行反馈,对其失误的步骤进行修正;如可靠,则采取全面的决策实施行动。

• 评估效率,实施经过筛选的决策方案,还应加强调查研究和反馈工作,实施跟踪决策,评估决策的效率。

三、决策的实施

决策的实施包含四个板块,分别是决策实施的全面组织准备、决策计划的传达贯彻、决策计划实施的监督和控制、决策计划的修正。

(一)决策实施的全面组织准备

决策的实施，也就是如何充分调动人力、财力、物力为决策的既定目标而奋斗的问题。因此，决策实施的组织准备，就是在充分考虑人力、财力、物力诸因素的基础上，明确规定决策实施各个阶段的方向、期限、具体措施、原则和要求。

(二)决策计划的传达与贯彻

决策计划的传达，是指决策者在决策实施过程中的解释、说明、宣传和鼓励工作。各层级领导都应吃透决策计划的目的、意义、要求、重点、难点、措施，逐层向群众进行精辟的分析、解释和宣传，使执行对象胸有成竹。决策方案的传达，关键在于不折不扣地使执行者与广大群众全面地、正确地、深刻地理解上级决策的真正意图。

(三)决策计划实施的监督和控制

实施决策计划后，还需对执行情况进行严格监督和科学控制。领导、群众监督和控制的目的不仅在于及时发现计划和实施矛盾的偏差，而且在于及时采取措施，纠正已出现的偏离或解决新矛盾于萌芽中，以防患于未然。

(四)决策计划的修正

在决策计划的实施阶段，由于组织内外环境的变化，或决策本身的严重错误，或组织计划诸方面不周等，决策者需要适应新情况对原决策计划做出修改或采取新的决策。修改决策有两种情况：一是涉及决策目标的修改即部分修改；二是根本性修改，即在原有决策的实施中，发现有危及决策目标实现的情况，需对原来的目标和计划进行根本性修改，即"追踪决策"(图5-2)。

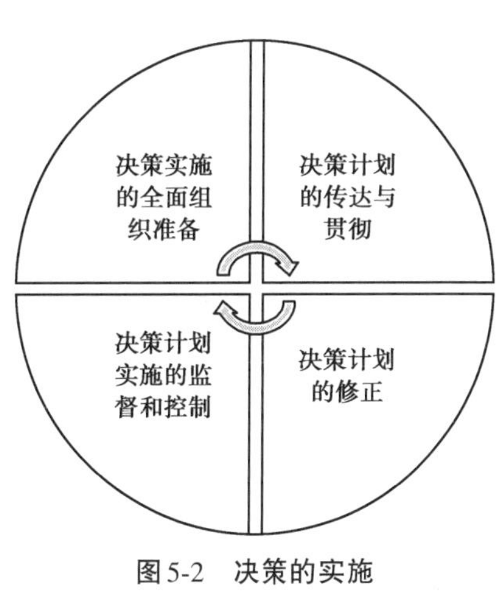

图5-2 决策的实施

第二节 决策理论

一、古典决策理论

古典决策理论(Classical Decision Theory)又称规范决策理论，是基于"经济人"假设提出来的，盛行于20世纪50年代以前。古典决策理论认为，应该从经济的角度看待决策问题，即决策的目的在于让组织获得最大的经济利益。

(一)古典决策理论的主要内容

①决策者必须全面掌握有关决策环境的信息情报。

②决策者要充分了解有关备选方案的情况。

③决策者应建立一个合理的层级结构,以确保命令的有效执行。

④决策者进行决策的目的始终在于使本组织获得最大的经济利益。

(二)古典决策理论的局限性

随着行为科学的发展,人们很快便发现了古典决策理论这套公理体系的局限性,不能用它来解释决策实践中的很多事实,其原因不在于它的逻辑体系上的缺陷,而在于其公理假设上的问题。

包括西蒙在内的许多学者都指出"经济人"假设的上述几个基本特征是不符合现实情况的。比如,决策者的目标不是单一的、明确的和绝对的;决策者并不是绝对的理性人,其掌握的信息和处理信息的能力是有限的;决策制订总是要受时间、空间、精力或其他成本的制约。

二、行为决策理论

行为决策理论(Behavioral Decision Theory)的发展始于20世纪50年代。对古典决策理论的"经济人"假设发难的第一人是诺贝尔经济学奖得主赫伯特·A.西蒙,他在《管理行为》一书中指出,理性的和经济的标准都无法确切地说明管理的决策过程,进而提出"有限理性"标准和"满意度"原则。其他学者对决策者行为做了进一步研究,他们在研究中也发现,影响决策的不仅有经济因素,还有决策者的心理与行为特征,如态度、情感、经验和动机等。

行为决策理论的主要内容:

①人的理性介于完全理性和非理性之间,即人是有限理性的,这是因为在高度不确定性和极其复杂的现实决策环境中,人的知识、想象力和计算力是有限的。

②决策者在识别和发现问题中容易受知觉上的偏差的影响,而在对未来的状况作出判断时,直觉的运用往往多于逻辑分析方法的运用。知觉上的偏差,是指由于认知能力有限,决策者仅把问题的部分信息当作认知对象。

③由于决策时间和可利用资源的限制,决策者即使充分了解和掌握有关决策环境的信息情报,也只能做到尽量了解各种备选方案的情况,而不可能做到全部了解,决策者选择的理性是相对的。

④在风险型决策中,与对经济利益的考虑相比,决策者对待风险的态度对决策起着更为重要的作用。决策者往往厌恶风险,倾向于接受风险较小的方案。尽管风险较大的方案可能带来可观的收益。

⑤决策者在决策中往往只求满意的结果,而不愿费力寻求最佳方案。产生这一现象的原因有多种:决策者不注意发挥自己和别人继续进行研究的积极性,只满足于在现有的可行方案中进行选择;决策者本身缺乏有关能力,在有些情况下,决策者出于某些个人因素做出自己的选择;评估所有的方案并选择最佳方案需要花费大量的时间和金钱,这可能得不偿失。

三、连续有限比较决策理论

连续有限比较决策理论的代表人物是西蒙,他认为人的实际行动不可能完全理性,决策者是具有有限理性的行政人,不可能预见一切结果,只能在供选择的方案中选出一个"满意的"方案。"行政人"对行政环境的看法简单,往往不能抓住决策环境中的各种复杂因素,而只能看到有限的方案及其部分结果。事实上,理性程度对决策者有很大影响,但不应忽视组织因素对决策的作用。

连续有限比较决策理论的主要内容:

(1)决策贯穿于管理的全过程,管理就是决策

①决策理论是管理理论发展的新阶段。

②组织就是作为决策者的个人所组成的系统。

③组织的全部管理活动就是决策。

(2)决策是一个过程,包括情报活动、设计活动、抉择活动和审查活动

(3)决策应采用"有限度的理性"准则或标准

①经济人的"绝对的理性"准则。

②组织中的人的行为是为实现一定目的的、具有有限理性的、以任务为中心的、合理地选择手段的"管理人"的行为。

③有限的理性导致管理人寻求"符合要求的"或"令人满意的"措施。

(4)决策和组织机构、集权与分权以及信息联系的关系

①组织的划分必须以所要做出的决策类型为依据。

②集权和分权不能脱离决策过程而单独存在。

③直线领导和参谋人员都有决策问题。

④决策前提依赖从一位组织成员传递给另一位组织成员的任何过程。

第三节　影响决策的因素与决策模型

一、影响决策的因素

大致有四大因素影响决策,分别是环境因素、组织自身的因素、决策问题的性质因素、决策主体的因素。

(一)环境因素

环境的稳定性、市场结构、买卖双方在市场的地位。

(二)组织自身因素

组织文化、组织的信息化程度、组织对环境应变模式。

（三）决策问题的性质

问题的紧迫性、问题的重要性。

（四）决策主体的因素

个人对待风险的态度、个人能力、个人价值观、决策群体关系融洽程度。

二、十大经典决策模型

（一）10-10-10法则

股神巴菲特有个著名的10-10-10法则（图5-3），可以让我们用长远的目光做出明智的决策。10-10-10法则的主要内容是，在做出关键决策前，先问自己三个问题：这个决策在十分钟后有什么影响？这个决策在十个月后有什么影响？这个决策在十年后有什么影响？问题的答案往往会引导我们做出理性决策。

（二）节点控制的99-50-1模型

项目还剩99%没完成时候，你需要检查决策是否正确与是否会被拖延；项目还剩50%没完成时候，你需要检查项目是否跑偏以及是否按照原计划进行；项目还剩1%的时候，你需要检查交付结果是否符合标准。以上三个节点的控制做到位，将大幅提升项目团队的执行力（图5-4）。

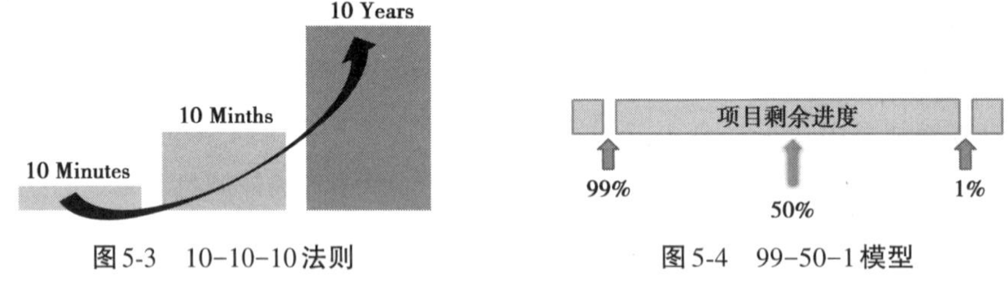

图5-3　10-10-10法则　　图5-4　99-50-1模型

（三）巴菲特的双目标清单系统

巴菲特的双目标清单系统能够帮助管理者抓住关键目标，集中火力开展任务。其思维过程分为三步：写出你工作中最重要的25个目标；在这些目标中标识你认为最重要的5个目标并立即去行动；学会克制，尽最大努力不去触碰剩下的20个目标（图5-5）。

（四）Twitter公司的扑克管理沟通模型

Twitter公司的扑克管理沟通模型可以帮助管理者开一次简单却有效的决策会议。首先，保持中立的倾听态度，让团队成员充分发表各自的想法；然后，在充分收集了所有成员的意见后，项目经理再进行梳理和总结，把所有的意见都汇聚到项目的交付目标上；最后，向团队中的相关成员阐述你的决策及想法，确保每个人都充分了解你的意图和方法。但是，要注意，每个步骤的顺序不能被打破，每个步骤之间的时间不可以隔太长（图5-6）。

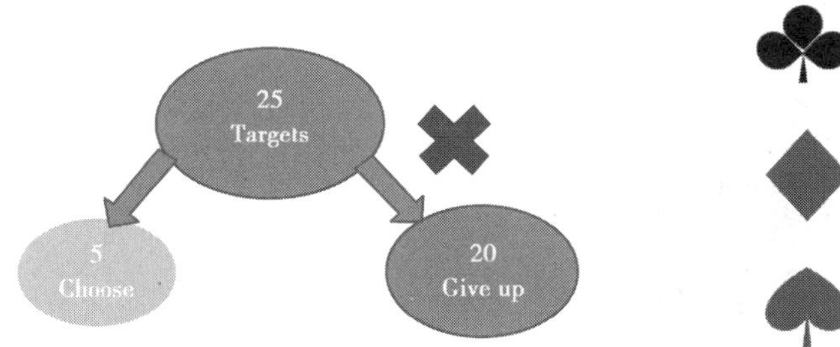

图5-5　双目标清单系统

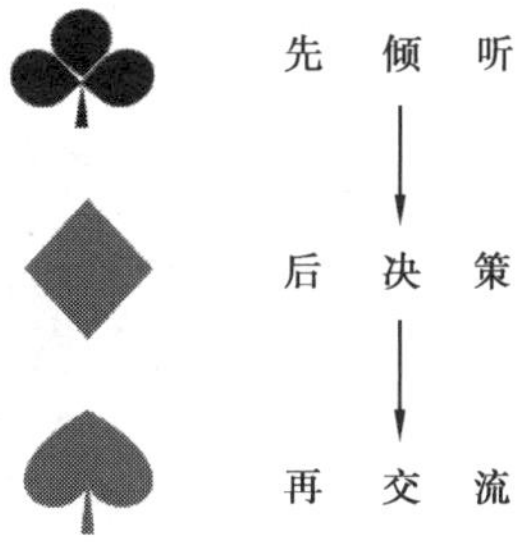

图5-6　Twitter公司的扑克管理沟通模型

(五)绝对坦诚模型

绝对坦诚非常有好处,它对事不对人,能有效营造彼此信任的团队氛围(图5-7)。

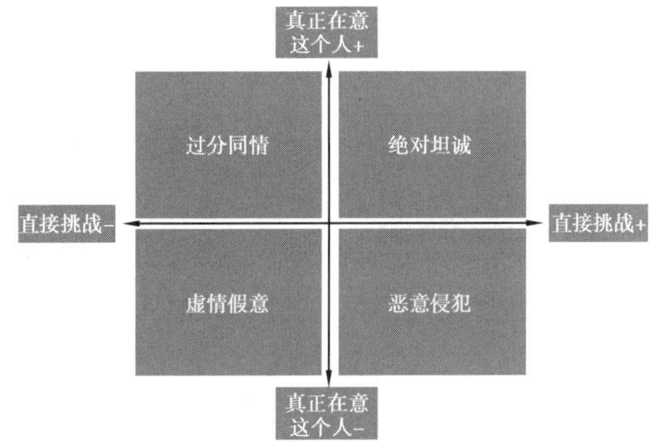

图5-7　绝对坦诚模型

“直接挑战”用在项目里指的是,项目经理必须敢于坦率批评把工作搞砸的成员。同时,在面对团队其他成员对自身错误进行指正时,管理者应抱有一颗平常心。直接挑战他人对很多人来说都是很难做到的,但从图5-7可以看出,“绝对坦诚”源于“真正在意这个人”和“直接挑战”的结合。

(六)巴菲特护城河理论

护城河主要指企业结构性竞争优势,这种优势主要体现在两个方面:一是属于长期优势,可以帮助企业长期保持高资本回报率;二是防止竞争对手模仿或者复制。护城河理论不管是对组织还是对个人,都是不断地打造你不可代替的优势。对于项目经理来说,其需要锻炼一些能力,这些能力能让自己的工作做得更好,如责任感、判断力和实际工作能力等(图5-8)。

(七)知识价值链模型

人们运用知识产生决策的过程如图5-9所示。从知识到逻辑,再从策略到行动,这四个要素决定了管理者的综合素质,也决定了管理者的工作效率与质量。千万不要忽略知识的持续更新与底层逻辑的反复构建。

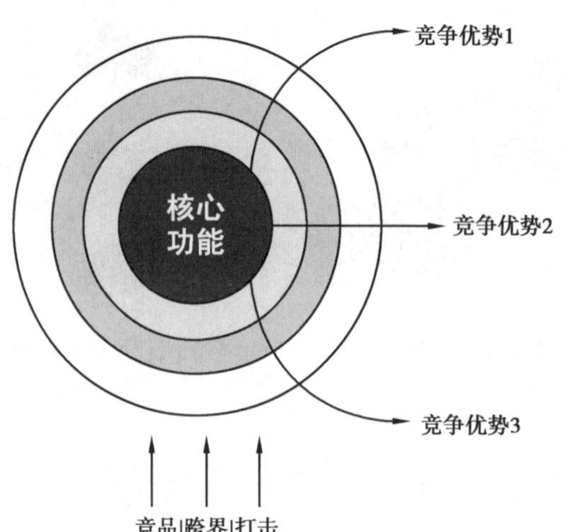

图 5-8　护城河理论

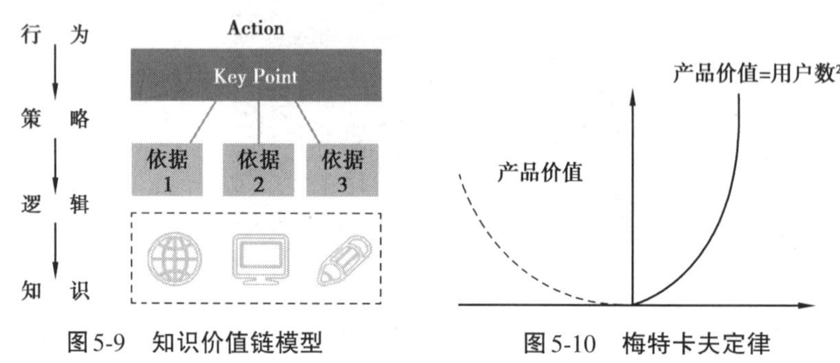

图 5-9　知识价值链模型

图 5-10　梅特卡夫定律

(八)梅特卡夫定律

梅特卡夫定律(图 5-10)是对网络指数增长的普遍规律的一种抽象,它告诉我们一个简单的道理——规模的意义比你想象得更加重要。在经营决策的过程中,有时候追求用户数量比追求利润更重要。项目经理需要深刻理解该定律所代表的一种指数级增长逻辑,尽可能建立更多的联系,从而在这个不确定的世界更好地生存。

(九)囚徒困境模型

囚徒困境(图 5-11)是指两个被捕的囚徒之间的一种特殊博弈,说明为什么在合作对双方都有利时,保持合作也是困难的。在困境局势中,每个人根据自己的利益做出决策,但是最后的结果却是集体遭殃。现实中的价格竞争、绩效考核、人际关系等方面,会频繁出现类似情况。走出囚徒困境的关键是相互信任,以及对相互信任的信任。如果可以克服信任问题,合作达成就是可能的。

囚徒困境		对手的对策	
		合作（保持沉默）	背叛（坦白交代）
我的对策	合作（保持沉默）	一年监禁（高收益）	三年监禁（傻瓜收益）
	背叛（坦白交代）	获得释放（诱惑收益）	两年监禁（低收益）

图5-11　囚徒困境模型

(十)非共识决策模型

非共识决策是指那些与已知的科学、知识不相吻合的思路、想法或创造。简单地讲,假如你思考的一件事和多数人不一样,而且你是对的,这时你就有更多的机会。管理人员要想达成最有利于公司的决策,就需要有异议存在(图5-12)。

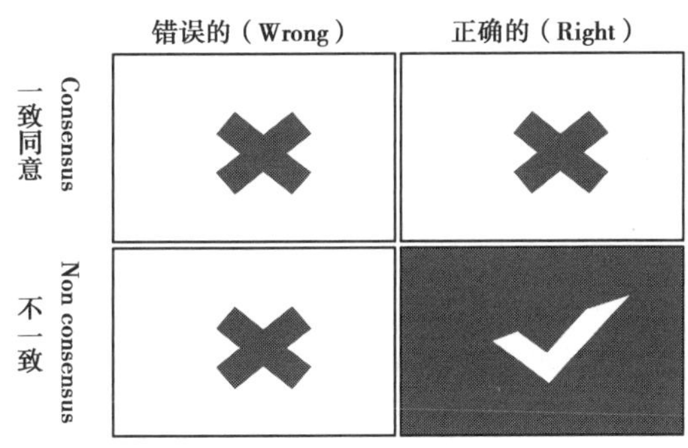

图5-12　非共识决策模型

【本章小结】

1.决策是指决定的策略或办法,是人们为各种事件出主意、做决定的过程。它是一个复杂的思维操作过程,是信息的搜集、加工,最后做出判断并得出结论的过程。

2.决策过程的六个步骤是:诊断问题、明确目标、拟订方案、筛选方案、执行方案、评估效果。决策的实施包含四个板块:决策实施的全面组织准备、决策计划的传达与贯彻、决策计划实施的监督和控制、决策计划的修正。

3.三大古典决策理论

古典决策理论:决策者必须全面掌握有关决策环境的信息情报;决策者要充分了解有关备选方案的情况;决策者应建立一个合理的层级结构,以确保命令的有效执行。决策者进行决策的目的始终在于使本组织获取最大的经济利益。

行为决策理论:理性的和经济的标准都无法确切地说明管理的决策过程,进而提出“有限理性”标准和“满意度”原则。其他学者对决策者行为做了进一步的研究，他们在研究中也发现，影响决策的不仅有经济因素还有决策者的心理与行为特征，如态度、情感、经验和动机等。

连续有限比较决策理论：人的实际行动不可能完全理性，决策者是具有有限理性的行政人，不可能预见一切结果，只能在供选择的方案中选出一个“满意的”方案。“行政人”对行政环境的看法简单，往往不能抓住决策环境中的各种复杂因素，而只能看到有限几个方案及其部分结果。事实上，理性程度对决策者有很大影响，但不应忽视组织因素对决策的作用。

4.影响决策的有四大因素：环境因素、组织自身因素、决策问题的性质因素、决策主体的因素。

【课堂讨论】

请结合十大经典决策模型，选择一个运用到决策模型的企业进行分析，以小组为单位展开讨论。

【管理技能实践】

初步了解了十大经典决策模型后，请3～4人组成一个小组，从十大经典决策模型中选择一个或多个模型进行深入学习和分析，在课堂上分享小组学习成果。

第三篇

组　织

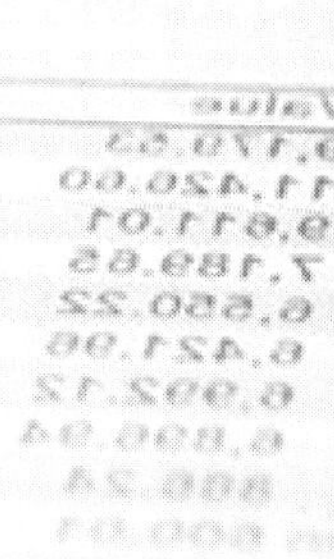

第六章　组织及组织文化

【学习目标】

1.知识目标:了解组织设计的影响因素;重点掌握组织结构设计的常见类型。

2.能力目标:能运用所学知识看懂组织结构图,并能进行小型组织的组织结构设计。

3.情感态度目标:结合我国历史、党史和现代的国家组织、社会组织、企业组织、班级组织等,帮助学生树立团队意识、协作意识,提高学生的道德品质,引导学生树立正确的价值取向,增强其制度自信、道路自信。

【案例】

华为公司组织结构的变化

2021年10月29日,华为公司在东莞松山湖园区举行"军团"组建成立大会。华为公司创始人兼总裁任正非和华为公司高管为来自煤矿"军团"、智慧公路"军团"、海关和港口"军团"、智能光伏"军团"和数据中心能源"军团"的300余名"将士"壮行。华为公司五大"军团"员工高喊:"华为必胜,必胜,必胜!"

值得注意的是,10月29日当天,华为公司还发布了三季报,前三季度华为公司的利润相比去年有所下滑。华为公司表示:"在公司发展的关键时期,公司组建'军团'突围,是为了有质量地活下去。"

任正非说:"我认为和平是打出来的,我们要艰苦奋斗,英勇牺牲,打造一个未来30年的和平环境……让任何人都不敢再欺负我们……历史会记住你们的,等我们同饮庆功酒那一天,于无声处听惊雷!"

2021年2月,任正非接受媒体采访时表示,"军团"就是把基础研究的科学家、技术专家、产品专家、工程专家、销售专家、交付与服务专家全都汇聚在一个部门,缩短产品进步的周期。这种模式来自谷歌。

当时,对于机场、码头、钢铁等行业是否实行"军团"模式,任正非称,主要看科学家是否需要被编进最前线的作战团队,如果需要就采用"军团"模式,如果不需要就采用矩阵的业务模块模式。

华为创立于1987年,是全球领先的ICT(信息与通信)基础设施和智能终端提供商。目前华为公司约有19.7万员工,业务遍及170多个国家和地区,服务全球30多亿人口。

华为公司致力于把数字世界带给每个人、每个家庭、每个组织,构建万物互联的智能世界:让无处不在的连接,成为人人平等的权利,成为智能世界的前提和基础;为世界提供最强算力,让云无处不在,让智能无所不及;所有的行业和组织,因强大的数字平台而变得敏捷、高效、生机勃勃;通过AI重新定义体验,让消费者在家居、出行、办公、影音娱乐、运动健康等全场景获得极致的个性化智慧体验。

华为的愿景是:构建万物互联的智能世界。

自1987年成立,华为公司的组织结构经历了从直线型到直线职能型,然后到事业部制,再到矩阵制的转变。

我们将沿着华为成长的路径,一起了解基本的组织结构类型以及影响组织采取不同组织类型的内外部原因,了解组织中人力资源管理的价值和意义,认识组织文化在组织管理中的强大而无形的作用。

(案例改编自华为公司官网)

第一节　组织设计的任务与影响因素

一、组织设计

组织工作是设计和维护合理的分工协作关系以有效地实现组织目标的过程。从组织工作的定义中我们可以看到,组织工作的要点,一是组织结构的设计和变革,二是组织内部相互关系的确定和维护。一定的组织结构和一定的组织关系相结合,就构成了一定的组织模式。组织设计是指进行专业分工和建立使各部分相互有机地协调与配合的系统过程。

组织设计的任务具体地说就是建立组织结构和明确组织内部的相互关系,提供组织结构图和部门职能说明书、岗位结构图和岗位职责说明书。

(一)组织结构图和部门职能说明书

组织结构是组织设计的结果之一,它是指组织内部的结构框架。它由工作内容、权责关系、沟通渠道所构成。

(二)岗位结构图和岗位职责说明书

为了聚集群体力量以有效地实现组织目标所必须开展的各项工作,在明确部门职能以后,要进一步明确部门内部的职责分工,形成相应的岗位结构图和岗位职责说明书,以便将各项工作落实到人。

(三)组织结构和组织成员之间的关系

组织结构反映了组织内部的分工协作情况。组织结构的功能是维持组织的存在,若无一定形式的结构，组织本身也就不复存在。但仅有结构而不拥有具有共同目标的人也构不成完整的组织。就所有的组织而言，结构是基础，人们为了达到目标，完成一个人无法承担的大量而复杂的工作，就只有进行分工协作。

二、组织设计理论

组织设计理论，是指有关组织结构和组织关系的系统设想。在组织工作中，有许多需要考虑的问题，例如如何进行活动的分类、如何协调处理组织内部各种关系等。

(一)古典组织理论

古典组织理论是韦伯在20世纪初提出的，它着重于组织结构的设计，强调以工作为中心，依靠权力来维系组织内部相互之间的关系。直到20世纪中叶，以古典组织理论为基础设计的"官僚组织"模式仍是组织设计的主要参考模式，它被认为适用于任何组织。

古典组织理论的特征是从静态的角度出发，以效率为目标来研究组织内部结构与管理的合理化，只考虑组织内部因素，而不考虑外部环境的影响。

(二)行为组织理论

行为组织理论从动态的角度出发，以建立良好的人际关系为目标，寻求建立一个符合人际关系原则的组织。在行为组织理论中，以美国著名的行为学家伦西斯·利克特的"第四类系统组织"(即参与型组织)的设计最为有名。

古典组织理论和行为组织理论的最大区别在于，它们对组织中的人的地位的不同看法。古典组织理论认为，组织设计最重要的是建立一个分工明确、非人格化的组织结构。在这样的组织结构中，由于职责明确，因此只要有符合岗位要求的人来履行职责就可以了。行为组织理论则认为，人是组织中的灵魂，组织结构的建立只是为了创造一个良好的环境，使这个组织中的人比较顺利地实现他们的共同目标。

(三)系统组织理论

系统组织理论的主要代表人物是切斯特·巴纳德，他认为任何组织都是一个协作系统，社会各级组织都是由相互协作的个人组成的系统，我们把它称为正式组织。任何协作系统都包含三个基本要素：协作的意愿、共同的目标和信息的联系。

三、影响组织设计的主要因素

根据系统组织理论，影响组织设计的因素主要包括以下几点。

(一)组织发展战略

战略通常从两个方面影响组织结构设计：一是从结构形式上，不同的战略要求开展不同的活动，有不同的组织方式，战略决定了组织整体结构形式；二是在力量配备上，不同的战略决定了组织不同的工作重点，从而决定了各部门在组织中的重要程度和各部门所应配备的岗位数量。

(二)组织规模

组织规模也是影响组织结构设计的一个重要因素。组织规模的特征:一是规范化。规范化是指以规章、程序和书面文件来规定各部门和岗位的权利与义务,并依据组织规章实现工作的标准化和对各部门、岗位的规范协调与控制的程度。二是分权化,分权化是指组织中各种问题的决策由下级组织做出的程度。三是专业化,专业化是指由专业的人员来履行专门职责的程度。专业化是与规范化、分权化相配套的。

(三)组织所处的发展阶段

企业的组织架构犹如人体的骨架,当企业从创业期逐渐向成长期发展时,企业的组织架构也要随着企业的发展及时调整,否则同样会影响企业的正常发展。美国学者J.托马斯•坎农(J.Thomas Cannon)认为,组织的发展过程要经历"创业""职能发展""分权""参谋激增"和"再集权"阶段,不同的发展阶段,要有与之相适应的组织结构形式。

(四)业务特点

不同的组织由于其所经营的业务不同,呈现出不同的业务特点。一个组织的业务特点可以按其所采用的技术的复杂程度来描述。

(五)外部环境因素

任何一个组织的运作都不可能脱离一定的外部环境,有效的组织结构是那些与外部环境相适应的结构。

(六)人力资源的可得性

影响组织结构设计的最后一个重要因素是组织中现有的人力资源特征和组织在市场中可获得的人力资源状况。组织结构的设计一方面要考虑如何合理使用现有的人力资源,另一方面要考虑到从市场上可以获得的人力资源状况。

第二节　组织结构的设计

一、组织结构设计的目的

设计一个好的组织结构十分重要。一个好的组织结构可以产生以下效果:

①明确岗位,使每一位员工从事一组有限的专门化工作,有助于员工专业技能的开发和利用,从而提高工作效率;同时,明确每一个部门和岗位的任务和职责,也有助于对部门和员工进行客观的考核和公平的奖惩,调动组织成员的工作积极性。

②每一个人都属于一个特定的工作部门,有助于增强员工的组织归属感,满足员工群体

归属需求，培养员工对组织的忠诚感，也有助于对员工进行有针对性的培养和管理。

③由于组织结构规定了各个部门之间的权责关系，每一位成员都知道各项工作由谁负责和应该向谁汇报，有助于相互之间的协调配合和沟通，也有助于员工与其他成员建立稳定的工作关系。

④通过组织结构，可以清楚地了解组织资源配置是否与组织发展战略相匹配，从而找到落实组织发展战略的薄弱环节并加以改进，使组织的分工协作体系与战略要求相一致。

二、组织结构设计的基本过程

（一）岗位设计：工作的专门化

组织结构设计的第一步是将实现组织目标必须进行的活动划分成最小的有机关联的部分，以形成相应的工作岗位。活动划分的基本要点是工作的专门化，工作的专门化使得每一个组织成员或若干位成员能开展有限的一组工作。

（二）部门化：工作的归类

一旦将组织的任务分解成具体的可执行的工作，接下来就是将这些工作按某种逻辑合并成一些组织单元，如任务组、部门、处室等，这就是部门化过程。

一个组织的各项工作可按不同原则进行归并，常见的部门化方法有职能部门化、产品部门化、地区部门化、顾客部门化和综合部门化。

（三）确定组织层次

部门化解决了各项工作如何进行归类以实现统一领导的问题，接下来需要解决的是组织层次问题，即确定组织中每一个部门的职位等级数。

组织层次的多少与管理幅度的大小有直接关系。管理幅度是指某一特定的管理者可有效管辖的直接下属人员数量。在一个部门的操作人员数量一定的情况下，一个管理者能直接管理的下属人员数量越多，该部门内的组织层次就越少，所需要的行政管理者也就越少；反之，一个管理者能直接管辖的员工数越少，所需的管理者就越多，相应的组织层次也就越多（图6-1）。

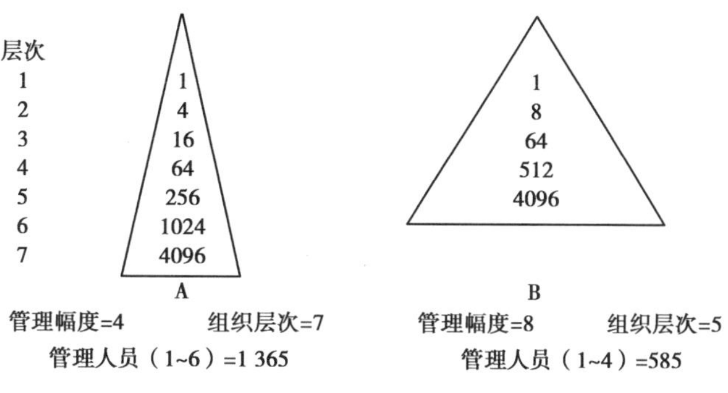

图6-1 组织管理幅度与管理层次

第三节 常见的组织结构形式

尽管组织结构形式多种多样，但各种组织结构的基本构成形式有很大的相似性。本节介绍几种常见的组织结构形式。

一、直线型组织结构

直线型组织结构（linear Structure）是工业发展初期的一种简单的组织结构形式，适用于小型组织或现场作业。其特点是组织中的一切管理工作均由领导者直接指挥和管理，不设专门的职能机构。在这种组织中，上下级的权责关系是直线型关系，上级在其职权范围内具有直接指挥权和决策权，下属必须服从。这种结构形式具有权责明确、命令统一、决策迅速、反应灵敏和管理机构简单的优点；其缺点是权力高度集中，易造成家长式管理作风，形成独断专行、长官意志，组织的发展受到管理者个人能力的限制，组织成员只注重上下沟通，而忽视横向联系。这种组织结构的适用范围有限，它只适应于小规模组织，或者是组织规模较大但活动内容比较单纯的组织。华为公司1991年以前的组织结构如图6-2所示。

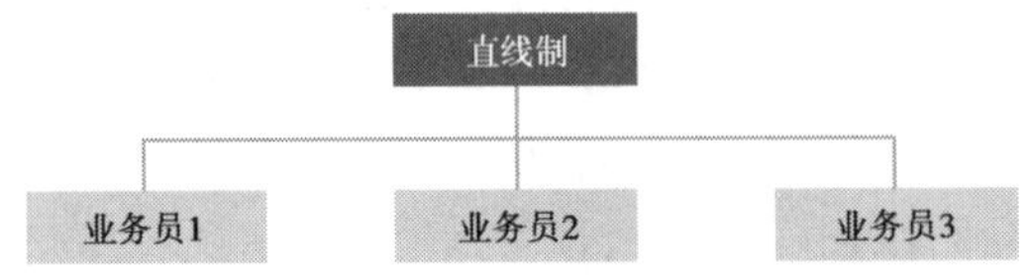

图6-2　1991年以前华为公司早期的组织结构

二、直线职能制组织结构

直线职能型组织结构（Unitary Structure）是现代工业中常见的一种结构形式，而且在大中型组织中尤为普遍。这种组织结构的特点是：以直线为基础，在各级行政主管下设置相应的职能部门（如计划、销售、供应、财务等），由这些职能部门的人员从事专业管理，作为该级行政主管的参谋，即由主管统一指挥与职能部门参谋—指导相结合。在直线职能型结构下，下级部门既受上级部门管理，又受同级职能管理部门的业务指导和监督。各级行政领导人逐级负责，高度集权。因而，其是按经营管理职能划分部门，并由最高经营者直接指挥各职能部门的体制。

直线职能型组织结构被称为“U型组织”“简单结构”“单一职能型结构”“单元结构”。这种组织结构对于产品单一、销量大、决策信息少的企业非常有用。

在20世纪初（以及在此之前），经济增长的主要特点是劳动分工，这促使了职能制结构的产生。美国钢铁公司就是以这种方式在1901年成为第一个10亿美元的企业的。美国的标准石油公司也是采用直线职能型结构的先驱。这种组织结构同样在“福特时代”的汽车工业得到应用，它使福特汽车公司开创了出流水线作业的方式，使汽车工业得以规模化并带动了经济的发展。我国的公务员体系就是直线职能型组织结构的典型代表。1992年华为的组织结构如图6-3所示。

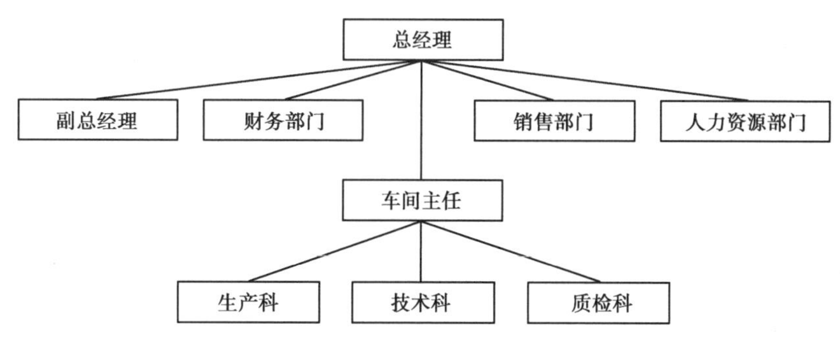

图6-3 1992年华为的组织结构

直线职能制组织结构是建立在直线制和职能制基础上的。这种组织结构形式的特点是：以直线为基础，在各级行政领导之下设置相应的职能部门如财务部、质检科，从事专业管理。在这种组织模式中，直线部门担负着实现组织目标的直接责任，并拥有对下属的指挥权；职能部门只是上级直接管理者的参谋与助手，主要负责提供建议、信息，对下级机构进行业务指导，但不能向下级直线管理者发号施令，除非上级直线管理者授予他们某种职能权力。

直线职能制组织结构的优点是：既保持了直线制集中统一指挥的优点，又吸取了职能制管理职能作用的长处。具体地说，这种结构指挥权集中，决策迅速，容易贯彻到底；分工细密，职责分明；由于各职能部门仅对自己应做的工作负有责任，既可减轻直线管理者的负担，又可充分发挥专家的特长；容易维持组织纪律，确保组织秩序，在外部环境变化不大的情况下，易于提升组织的集团效率。

直线职能制组织结构的缺点是：不同的直线部门和职能部门之间的目标不易统一，相互之间容易不协调或产生矛盾，从而增加高层管理者的协调工作量；由于职能组织促使职能管理者只重视与其有关的专业领域，因而不利于在组织内部培养熟悉全面情况的管理人才；由于分工细、规章多，因而相关管理者反应较慢，不易迅速适应新情况。

三、事业部制组织结构

事业部制组织结构（Divisionalisation）是一种常见的组织结构形式，最早应用于美国通用公司。事业部制结构又称为分公司制结构。

【案例】

事业部制结构起源于美国的通用汽车公司。20世纪20年代初，通用汽车公司合并了许多小公司，企业规模急剧扩大，产品种类和经营项目增多，而内部管理却很难理顺。当时担任通用汽车公司常务副总经理的P.斯隆参考杜邦化学公司的经验，以事业部制的形式于1924年完成了对原有组织的改组，使通用汽车公司大获成功，成为实行事业部制的典型，因而事业部制又称“斯隆模型”。同时，其也被称为“联邦分权制”。

事业部制是为满足企业规模扩大和多样化经营对组织机构的要求而产生的一种组织结构形式。具体的设计思路为：在总公司领导下设立多个事业部，把分权管理与独立核算结合在一起,按产品、地区或市场(顾客)划分经营单位,即事业部。每个事业部门都有自己的产品和特定的市场,能够完成某种产品从生产到销售的全部。职能事业部不是独立的法人企业,但具有较大的经营权限,实行独立核算、自负盈亏,是一个利润中心,从经营的角度来看,事业部与一般的公司没有太大的区别。

事业部制是对内部具有独立的产品和市场、独立的责任和利益的部门实行分权管理的一种组织形式。1998年华为事业部制组织结构如图6-4。

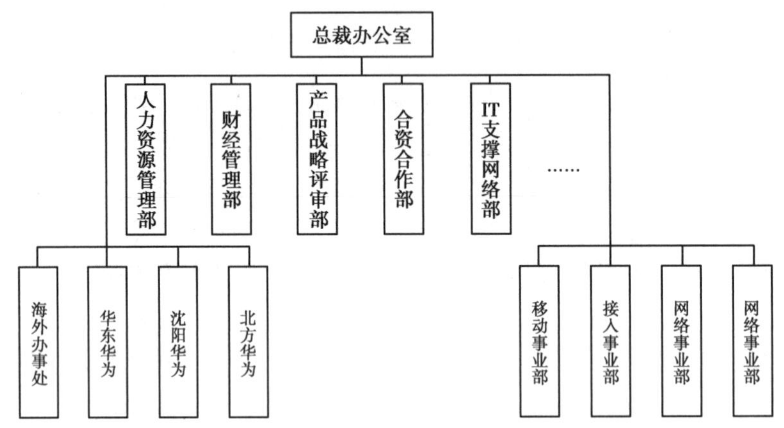

图6-4　1998年华为公司事业部制组织结构

在这种组织结构中,事业部一般按产品或地区划分,具有独立的产品或市场,拥有足够的权力,能自主经营,并实行独立核算、自负盈亏。这种结构把政策制定与行政管理相分离,政策制定集权化,业务营运分权化。企业的最高管理层是企业的最高决策机构,它的主要职责是研究和制定公司的总目标、总方针、总计划以及各项政策。各事业部在不违背总目标、总方针和公司政策的前提下,可自行处理其经营活动。

事业部制的优点是:既保持了公司管理的灵活性和适应性,又发挥了各事业部的主动性和积极性;可使总公司和最高管理层从繁重的日常事务中解放出来,得以从事重大问题的研究和决策工作;各事业部相当于公司内部独立的组织,不论在公司内外,彼此都可以展开竞争,比较成绩优劣,从而克服组织的僵化和官僚化;它也有助于培养高层管理者。

事业部制的缺点是:各事业部往往只重视眼前利益,本位主义严重,调度和反应都不够灵活,不能有效地利用公司的全部资源;管理部门重叠设置,管理费用增加;由于各事业部相当于一个独立的企业,因此对事业部一级管理人员的素质要求较高;集权与分权关系敏感,一旦处理不当,会削弱整个组织的协调性。

四、矩阵制组织结构

矩阵制组织结构(Matrix Organization Structure)是为了适应在一个组织内同时有几个项目需要完成,每一个项目又需要具有不同专长的人一起工作才能完成的特殊需求而形成的。矩阵制的具体结构如图6-5。

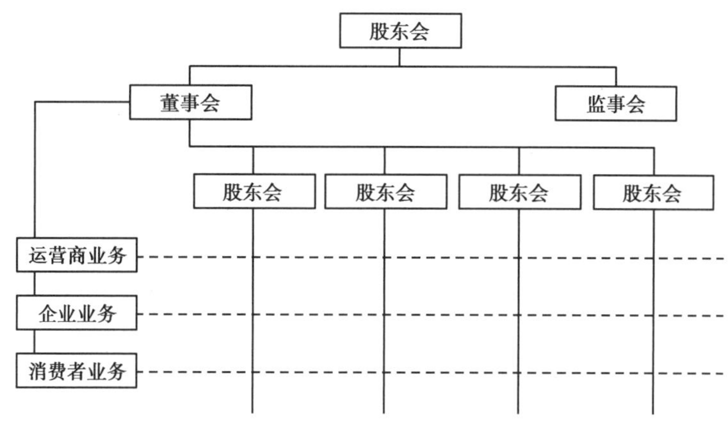

图6-5 2003—2009年华为公司的矩阵式组织结构

矩阵制结构的出现是企业管理水平的一次飞跃。在企业,人员管理权力划分十分清楚,项目经理对项目内的人员有完全的领导权和指挥权,职能经理只对非项目人员行使管理权力,这样就避免出现多头领导的现象,员工也不会左右为难或无所适从。

集分权设计合理,总部与项目部之间的职权分配适度。在企业总部负责制定各项制度政策、市场开发和品牌建设等职能,而项目部对项目的人员、质量、进度和成本有完全的决策权。合理的权力分配,可以在总部控制与项目的效率之间达到有效的平衡;公司运作规范化、流程化,通过制度规范各项工作流程并对流程实行动态管理与优化,在总部和项目部之间建立高效的工作协调与沟通网络;具备良好的分配机制,薪酬与考核有机结合,通过考核体系促进内部责任制的完善,指标要相互关联,各部门与各岗位以项目的目标任务为中心协作与配合;制度完善,各级管理人员具备较高的管理素质和职业化素质,员工具有较强的规则意识和责任感。

矩阵制组织结构形式的特点是:既有按管理职能设置的纵向组织系统,又有按产品、项目、任务等划分的横向组织系统。横向系统的项目组所需的人员从各职能部门抽调,他们既接受本职能部门的领导,又接受项目组的领导,一旦某一项目完成,该项目组即撤销,人员就回原部门工作。

矩阵制组织结构的优点是:上下左右、集权分权实现了有效结合,有利于各部门之间的配合和信息交流;便于集中各部门的知识和技能,加速完成某一特定项目;可避免各部门的重复劳动,加强组织的整体性;可随项目的开始和结束而形成和撤销项目组,增加了组织的机动性和灵活性。

矩阵制的缺点是:由于各部门隶属于不同的部门,仅仅是临时参加某项目组,项目组负责人对他们的工作好坏没有足够的奖励与惩罚手段,项目负责人的责任大于权力;由于项目负责人和原部门负责人对参加项目的人员都有指挥权,因此这种结构只有当双方管理者能密切配合时,才能顺利开展工作。

五、组织结构的演变趋势

组织结构是组织运行的框架,是企业内部进行价值创造的秩序,任何一个组织必然有其组织结构,组织结构支撑组织有序运行。

组织结构演变规律体现了企业进化的规律,两者是相辅相成的。企业组织结构没有优劣之分,只有适合与否。为更好地适应企业发展要求,与组织结构相关理论研究的蓬勃发展相呼应,企业组织结构模式创新也在不断发展。企业组织结构创新要受企业经营战略、企业环境、企业技术特点、企业成长阶段、企业治理结构等传统因素的影响。

随着IT技术的发展,特别是因特网的广泛应用,企业进入了激烈而又多样化竞争的信息化时代。环境的巨大变化给传统的组织结构模式带来了压力,致使传统的组织结构难以适应外部环境的变化。为使企业迅速适应环境并在变化的环境中不断发展,我们迫切需要对旧的组织结构进行变革并创新组织模式,以满足现代企业生产与运作机制的要求。在这种背景下,企业组织结构创新呈现出一系列趋势:扁平化趋势、柔性化趋势、虚拟化趋势、网络化趋势等。

一个企业要想在市场竞争中不断壮大,就要倡导技术和管理的创新,吸收新的信息,激发新思维,不断超越自我。企业要保持自己的竞争优势,只有提升其学习能力且比竞争对手学得更快。

第四节　组织文化概述

一、组织文化的含义

(一)组织文化的概念

组织是按照一定的目的和形式构建起来的社会集合体。任何组织都是在其自身所处特殊环境条件下产生和发展起来的,其间各自形成了独特的历史传统、意识形态、价值取向和行为方式,这就是组织文化。可见,文化和组织联系在一起的时候,成员就具有共同的行为方式、共同信仰及价值观。

从这个意义上讲,组织文化指的是一个组织在长期实践活动中形成的具有本组织特征的文化现象,是组织中的全体成员共同接受和共同遵循的价值观念和行为准则。不同的组织具有自己特定的组织文化,因此,我们“可从人们在一个组织范围内的所说、所做、所想中推出它的文化”。

(二)组织文化的内容

组织文化是在组织发展过程中形成的,可以被认为是企业的开创者、管理者从创业之初到企业发展过程中所形成的价值理念、人性假设等的整合,并成为企业个性化的管理风格和模式,推动企业的长期发展。学者从不同研究领域界定了组织文化的内容,其中具有代表性的十个方面是:①互动的行为准则;②群体规范;③主导性价值观;④哲学或伦理;⑤游戏规则;⑥组织气氛;⑦传统技巧;⑧思维习惯、心智模式、语言模式;⑨共享的理解;⑩一致性技巧。

二、组织文化的分类

(一)按文化的内在特征分类(表6-1)

表6-1　按文化的内在特征进行分类

1.学院型组织文化	喜欢雇用年轻的大学毕业生,并对他们进行大量的专门培训,然后指导他们在特定的职能领域从事专业化工作。
2.俱乐部型组织文化	在这种组织文化中,人员的资历是关键因素,年龄和经验至关重要,相比于学院型组织,这种组织致力于把管理人员培养成通才。
3.棒球队型组织文化	棒球队型组织鼓励冒险、革新和发明创造。在招聘时,其会在具有年龄优势和有经验的求职者中寻找有才能的人。
4.堡垒型组织文化	这类组织文化着眼于组织生存,具有这类文化性质的组织的前身大多是具有学院型、俱乐部型或棒球队型组织文化的组织。

(二)按组织文化对组织成员的影响进行分类(表6-2)

表6-2　按组织文化对组织成员的影响进行分类

1.强力型组织文化	提供必要的组织机构和管理机制,避免组织对缺乏组织活力和改革思想的官僚们的依赖,促使组织业绩的提升。
2.策略合理型组织文化	在具有策略合理型组织文化的组织中,不存在抽象的、好的组织文化内涵,只有当组织文化适应组织环境时,这种文化才是好的、有效的文化。
3.灵活适应型组织文化	这种组织文化提倡信心和信赖感、不畏风险、注重行为方式等,组织成员之间相互支持,勇于发现问题并解决问题。

(三)按组织文化所涵盖的范围进行分类(表6-3)

表6-3　按组织文化所涵盖的范围进行分类

1.主文化	主体文化体现的是一种组织内的核心价值观,为组织大多数成员所认可。
2.亚文化	亚文化是某一社会主流文化中的一个较小的组成部分,存在于组织的各种小群体中。

(四)按权力的集中度进行分类(表6-4)

表6-4　按权力的集中度进行分类

1.权力型组织文化	具有权力型组织文化的组织常常由一个人或一个很小的群体领导,其不太看重组织中的正式结构和工作程序。

续表

2. 作用型组织文化	具有作用型组织文化的组织内部有健全的正式规则、规章程序和工作程序，其做每件事都有固定的程序和规矩。这种文化看起来安全稳定，但当外部环境发生重大变化需要组织变革时，它会受到较大冲击。
3. 使命型组织文化	具有使命型组织文化的组织中，团队的目标是完成设定的任务，使命型组织文化强调公平竞争，当不同群体争夺重要资源或特别有利的项目时，其容易产生恶性的“政治紊乱”。
4. 个性型组织文化	具有个性型组织文化的组织既以人为导向又强调平等，这种组织富有创造性，能孕育新观点。

(五)按文化、战略与环境的配置进行分类(表6-5)

表6-5　按文化、战略与环境的配置进行分类

1.适应型组织文化	其特点是通过进行灵活性和适应客户需要的变革，把战略重点集中在外部环境上。
2.愿景型组织文化	适用于关注外部环境中的特定客户但不需要迅速改变的组织，其特点是管理者建立一种共同愿景，使组织成员朝着一个目标努力。
3. 小团体型组织文化	强调组织成员的参与和共享，看重其在外部环境快速变化中取得的成绩对组织成员的依赖性。
4.官僚制型组织文化	具有内向式的关注中心和稳定环境的一致性。

三、组织文化的特征

组织文化首先具有独特性、长期性和可塑性特征。此外，还有精神性、系统性、相对稳定性和融合性的特征。

(一)独特性

企业文化具有鲜明的个性和特色，具有相对独立性，每个企业都有其独特的文化积淀，这是由企业的生产经营管理特色、企业传统、企业目标、企业员工素质以及内外环境所决定的。

(二)长期性

长期性指组织文化的塑造和重塑的过程需要相当长的时间，而且是一个极其复杂的过程，组织的共享价值观、共同精神取向和群体意识的形成不可能在短期内完成，这一创造过程涉及调节组织与其外界环境相适应的问题，也需要组织内部的各个成员之间达成共识。

(三)可塑性

某一组织，其组织文化并不是生来就有，而是在组织生存和发展过程中逐渐总结、培育和积累而形成的。组织文化是可以通过人为的后天努力加以培育和塑造的，而已形成的组织文化也并非一成不变，其会随组织内外部环境的变化而被调整。

(四)精神性

从本质上讲,组织文化是一种抽象的意识范畴,是存在于组织内部的一种群体意识现象、意念性行为取向和精神观念。

(五)系统性

组织文化是由共享价值观、团队精神、行为规范等一系列内容构成的一个系统,各要素之间相互依存、相互联系。因此,组织文化具有系统性。同时,组织文化总是以一定的社会环境为基础,是社会文化影响渗透的结果,并随社会文化的进步和发展而不断被调整。

(六)相对稳定性

组织文化一旦形成,就具有较强的稳定性,它不会因组织领导人的变更、发展战略的转移、组织的变化,以及产品与服务的调整而随时改变或频繁变化。

(七)融合性

每一个组织都是在特定的文化背景下形成的,必然会接受和继承这个国家和民族的文化传统和价值体系,组织文化的融合性除了表现为每个组织过去的优良文化与现代的新文化的融合,还表现为本国文化与国外文化的发展融合。

四、组织文化的影响因素

(一)外部因素

1.民族文化

组织作为社会系统中的一个微观子系统,其文化的形成和发展必然受到自身所处民族文化环境的影响和制约,无论是组织的价值观、思维模式,还是组织的行为规范,无不被打上深深的民族文化烙印,因此民族文化是影响组织文化形成和发展的重要因素,也是影响组织运行和发展的重要外部环境。

2.制度文化

制度文化作为有组织的社会规范系统,是人类文化的一个重要层面。任何一个国家的政治制度、法律制度和经济制度,都是影响组织生存和发展的重要外部因素。

3.外来文化

在全球化背景下,世界各国、各地区经贸往来密切,不同文化间相互交流、相互融洽、相互渗透,这种变化必然对组织之间的经营哲学、思维方式、行为准则产生一定的影响和冲击。

(二)内部因素

1.领导者的素质

一个组织在创立初期,创始人的价值观及行为风格自然直接影响该组织的文化,而组织文化的部分特点特别是优秀组织的文化特点会在组织运行中得到传承与发展,进而贯穿于组织的整个生命周期。

2.组织成员的素质

组织文化是所有组织成员达成共识并共同遵循的价值标准、基本信念、行为准则,组织成员不管处于哪个层次,都会受到组织文化的影响和约束,但同时都能反作用于组织文化。所以,组织成员的素质组织文化层次和水平的直接影响因素。

3.组织发展的不同阶段

组织自身在整个循环过程中的不同发展阶段,因面临的环境不同,应对的挑战不同,会确立不同的战略目标。在此期间,组织也会相应地、有所侧重地致力于组织文化建设,一方面要循序渐进地积累优秀的文化,另一方面要适时摒弃一些不良的风气和行为。

五、组织文化的构成

组织文化的构成由物质层组织文化(表层文化)、行为层组织文化、制度层组织文化(中层文化)和精神层组织文化(核心层)四个基本层次文化构成(图6-6)。

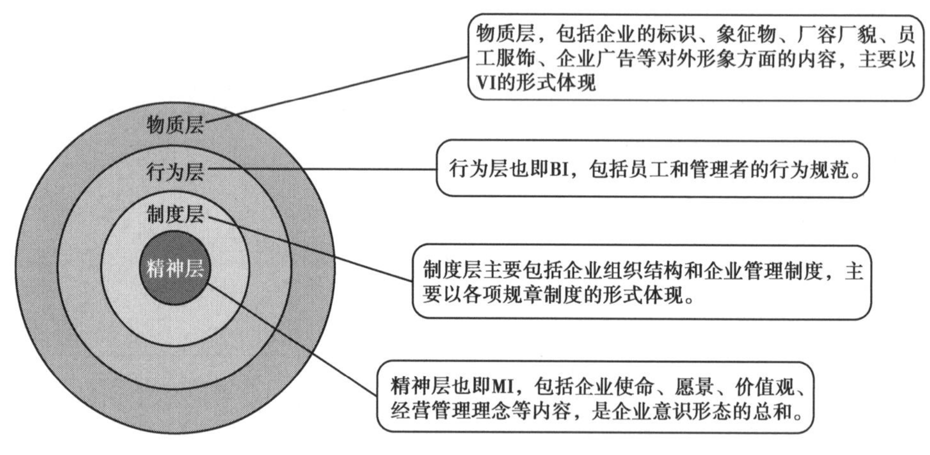

图6-6 组织文化的构成

(一)物质层组织文化

物质层组织文化是组织文化的表层部分,它是组织创造的物质文化,是一种以物质形态为主要研究对象的表层组织文化,是形成组织文化精神层和制度层的条件。

(二)行为层组织文化

行为层组织文化是组织的行为文化,它是组织员工在生产经营、学习娱乐中产生的活动文化。其包括组织经营活动、公共关系活动、人际关系活动、文娱体育活动中产生的文化现象。组织行为文化是组织经营作风、精神风貌、人际关系的动态体现,也是组织精神、核心价值观的折射。

(三)制度层组织文化

制度层组织文化是组织文化的中间层次,把组织物质文化和组织精神文化有机地结合成一个整体。其主要是指对组织和成员的行为产生规范性、约束性影响的部分,是具有组织特色的各种规章制度、道德规范和员工行为准则的总和。

(四)精神层组织文化

精神层组织文化即组织精神文化,它是组织在长期实践中所形成的员工群体的心理定势和价值取向,是组织的道德观、价值观即组织哲学的集中体现和高度概括,反映全体员工的共同追求和共同认识。

六、组织文化的功能

(一)组织文化的正功能

1.凝聚功能

组织文化可以向人们展示某种信仰与态度,它影响着组织成员的行为和世界观,而且影响着组织成员的思维方式。因此,在某一特定的组织内,人们总是为自己所信仰的东西所驱使,它起了"黏合剂"的作用。良好的组织文化同时意味着良好的组织气氛,它能够激发组织成员的士气,并让其对本职工作具有自豪感、使命感、归属感,从而使组织产生强大的向心力和凝聚力。

2.导向功能

组织文化一旦形成就产生一种定势,这种定势自然而然地把员工引导到组织目标上。组织提倡什么、抑制什么、摒弃什么,员工的注意力也就转向什么。当组织文化在整个组织内成为一种强文化时,其对员工的影响力就越大,员工的转向也就越自然。比如,日本的松下集团充分注意了组织文化的导向作用,使员工自觉地把组织文化作为组织前进的船舵,让组织不断向好的方向前进。

3.约束功能

组织文化的约束功能是通过员工自身的认同心理过程而实现的。它不同于外部的强制机制,如此处不准吸烟、上班不许离岗等,这种强制性的机制是组织管理的基本法则。而组织文化则是通过内省产生自律意识,进而自觉遵守那些成文的规定,如规章、制度等。自律意识要比强制机制的效果好得多,因为强制是在心理上与员工进行对抗,这种对抗或多或少使强制措施的效果打折扣,因此应该让员工自觉地接受文化的规范和约束,并按价值观的指引进行自我管理和控制。

4.激励功能

组织文化以理解人、尊重人、合理满足人们各种需要为手段,以调动广大员工的积极性、创造性为目的。所以,组织文化以前提到的目的都是激励人、鼓舞人。通过组织文化建设,其能创造良好的、安定的工作环境与和谐的人际关系,从而激发员工的积极性和创造性。组织文化的激励已不仅是一种手段，而是一种艺术，它的着眼点不仅在于眼前的作用，更在于人创造文化、文化塑造人的因果循环。

5.辐射功能

组织文化不仅对组织内部产生强烈的影响，通过自己的产品，通过组织员工的传播，其也会把自己组织的经营理念、组织精神和组织形象昭示于社会，有的还会对社会产生强烈的影响。如20世纪50年代的鞍山钢铁公司的孟泰，60年代大庆油田的“铁人”王进喜，90年代的李素丽等，都对社会产生了巨大影响，这就是组织文化的辐射功能。

(二)组织文化的反功能

尽管组织文化存在上述种种正功能，但组织文化对组织仍存在潜在的负面作用。

1.变革的障碍

如果组织的共同价值观与进一步提高组织效率的要求不相符合时，它就成了组织的束缚。这是在组织环境处于动态变化的情况下，最有可能出现的情况。当组织环境正在经历迅速的变革时，根深蒂固的组织文化可能就不合时宜了。因此，当组织面对稳定的环境时，行为的一致性对组织而言就很有价值。但组织文化作为一种与制度相对的软约束力，更加深入人心，极易形成思维定式，这样组织就难以应对变化莫测的环境。当问题积累到一定程度，这种障碍可能成为组织的致命打击。

2.多样化的障碍

由于种族、性别、道德观等差异的存在，新聘员工与组织中大多数成员不一样，这就容易产生矛盾。管理人员希望新成员能够接受组织的核心价值观，否则，这些新成员就难以适应或被组织接受。但是组织决策需要成员思维和方案的多样化，一个强势文化的组织要求成员和组织的核心价值观一致，这就必然导致决策的单调性，减少了多样化带来的优势，在这个方面组织文化就成为组织多样化、成员一致化的障碍。

3.兼并和收购的障碍

以前，管理人员在进行兼并或收购决策时，所考虑的关键因素是融资优势或产品协同性。近几年，除了考虑产品线的协同性和融资方面的因素，更多的则是考虑文化方面的兼容性。如果两个组织的文化无法成功整合，那么组织将出现大量的冲突、矛盾乃至对抗。所以，在决定兼并和收购时，很多经理人往往会分析双方文化的相容性，如果差异较大，为了降低风险则宁可放弃兼并和收购行动。

第五节　组织文化建设

一、组织文化建设的思想与原则

(一)组织文化建设的思想

组织的高效能和高效率是组织文化建设的主导思想。效能是企业生产经营管理活动所取得的效果和利益的现实性和潜在性,即要"做正确的事"。效率是"做正确的事",即"成功行为"。因此,建设先进的组织文化必须以提高效能和效率为主导思想。从战略高度来看,效能是组织实现其目的和目标的能力。这意味着组织能以最终实现全部目标的方式来开发和利用它的资源。由于组织的存在是为已认定的市场提供产品和服务,所以衡量效能的关键尺度是这些产品和服务是否以目标消费者所希望的地点、所满意的质量、需要的数量与合适的价格进行提供。组织具有效能的前提是其成员对愿景目标的正确理解。

(二)组织文化建设的原则

1.适用性原则

组织文化作为一 种亚文化,没有评价其优劣的绝对标准,正像世界业已存在的各种文化一样,无法判定其优劣。以一种文化为标准去评价其他文化就会陷入文化中心主义的谬误。如果说评价组织文化一定要有标准,那就是组织文化应与组织实际相适应。成功的组织各有各的成功之道,别人是无法效仿也无法"克隆"的。只要是能保证组织正常运行、能促进组织健康发展的文化,就是优秀的组织文化。

2.同一哲学原则

在社会组织当中,行业、规模、结构、人员等都存在较大差别。即使在大型组织中,部门与部门之间的人员素质、工作性质也存在很大差别。组织文化的建设应当从实际出发,兼顾各部门的特点,既要考虑不同部门的适应性,又要考虑整个组织文化的统一性。

3.可执行性原则

建设执行文化是有效组织的根本。文化与管理是互为依存、对立统一的关系。文化讲求氛围和心理契约,管理则讲求制度和外部规范,但这两者必须有机融合。把优秀的文化理念转换为组织的各项制度、员工的日常行为、企业的各项流程,这样才能形成有效的执行文化。

4.再造原则

每一个组织都有其自身的文化,但是这种文化是否适应组织发展的要求,是否为组织的发展带来新动力,是否使组织在激烈的竞争中立于不败之地,是组织必须面对的问题。因此,从这个意义上讲,组织的文化建设是个再造的过程,是对原有的组织文化进行检讨,取其精华、去其糟粕,是建立一个能适应竞争环境的新型组织文化的过程。

二、选择价值观

组织价值观是整个组织文化的核心和灵魂,选择正确的组织价值观对组织发展具有重大战略意义,所以,选择价值观是塑造良好组织文化的首要任务。

(一)组织价值观要体现组织的宗旨与发展战略和方向

一个组织的价值观要立足于本组织的实际,根据组织自身的使命、宗旨、目标、环境、习惯和组织方式等,结合本组织自身的性质、规模、技术特点、人员构成等因素,选择适应组织发展需要的组织文化模式,以利于在组织与组织成员之间达成共识。

(二)组织价值观要与组织文化各要素相协调

要协调好组织价值观与组织环境、组织树立的典型模范、组织内部的文化仪式及文化网络等各组织文化要素的关系,确保各要素之间相互组合与匹配的科学性,以实现组织文化系统的整体优化。

(三)组织价值观要得到组织成员和社会的认可与接受

良好的价值观应当能够凝聚全体组织成员的理想和信念,融合其行为,进而成为鼓励组织成员努力工作的精神力量。选择组织价值观的标准应当与本组织成员的基本素质相吻合,既不过高也不太低。另外,现代组织的价值观应体现可持续发展理念和强烈的社会责任感,以适应人类与经济、社会、环境相和谐的、可持续的发展愿景,社会对组织承担社会责任的期望与要求,这样做更易于社会公众对组织产生良好的印象。

三、强化认同

在选择并确立了组织价值观和组织文化模式后,应采取有效的方式进行实施,使被基本认可的方案真正深入人心。具体做法包括包括以下几点:

(一)广泛宣传

利用组织中一切可以利用的媒体如内部报纸、杂志、电视、网络、宣传栏等,广泛传播组织文化的内容和精神,营造浓厚的舆论环境氛围。

(二)培养和树立典型

模范典型是组织精神和组织文化的人格化身与形象缩影。组织通过表彰或奖励行为,让被表彰或被奖励的成员以其特有的感召力、影响力为其他组织成员树立学习的标杆——"榜样就在身边",组织成员会从典型模范的精神风貌、价值追求、工作态度和言行表现中,深刻理解和体会组织文化的实质。

(三)加强培训和教育

组织通过开展目的明确的内部培训和教育,以及丰富多彩的活动,潜移默化地使组织成员系统地接受和认同组织精神与组织文化。

【本章小结】

1.组织工作是根据组织的目标,将实现组织目标所必须进行的各项活动和工作加以分类和归并,设计合理的组织结构、配备相应的人员、分工授权并进行协调的过程。组织管理的任务是通过设计和维持组织内部的结构和相互之间的关系,使组织中的各部门和各个成员为实现组织目标而协调一致。

2.组织设计是指进行专业分工和建立使各部分有机协调配合的系统过程。组织结构是组织设计的结果之一,它是指组织内部的结构框架,可用结构图来表示。

3. 影响组织结构设计的主要因素包括组织发展战略、组织规模、所处发展阶段、业务特点、所处外部环境、人力资源的可得性等。

4. 组织结构设计一般包括以下三个步骤：第一步是岗位设计，将实现组织目标必须进行的活动划分成最小的有机关联部分，以形成相应的工作岗位；第二步是部门化，即将这些岗位按某种逻辑合并成一些组织单元，常见的部门化方法有职能部门化、产品部门化、地区部门化、顾客部门化、综合部门化；第三步是确定组织层次，即确定组织中每一个部门的职位等级数，组织层次的多少与某一特定的管理者可直接管辖的下属人员数。

5. 常见的组织结构有直线型、直线职能制、事业部制、矩阵制组织结构。

【课堂讨论】

随着互联网和智能技术的发展，万物可实现互联互通，在这样的情况下，组织结构设计会产生哪些变化？为什么？

【管理技能实践】

组织结构图是理解一个组织结构某些特定方面的有用工具。3～4人为一个小组，选择你们熟悉的一个组织（学校、社团、学生会、创业组织或班级等），绘制该组织的组织结构图，仔细标注出各个部门（或群体），特别是标注正确的指挥链，并准备好在课堂上分享小组成果。

【课堂游戏】

游戏设计：教师提前准备好学校主要部门的名牌，将其发放给学生。拿到名牌的学生找一找自己在组织结构中的层级，坐在对应的座位上。

游戏目的：通过找位置游戏，学生能够了解校内各部门人员的工作职责，了解学校的组织结构，进而增强自身的凝聚力、向心力。

游戏作业：3~4人为一个小组，绘制学校的组织结构图，并发到线上讨论区。

第七章　人力资源管理

【学习目标】

1.知识目标:了解人员配备的目的,掌握人员配备的工作内容和基本原则;掌握考核的目的;了解绩效考核的基本过程;了解培训的重要性。

2.能力目标:掌握聘任人员的基本方法;掌握员工培训的常用方法;掌握业绩考核的常用方法。

3.情感态度目标:树立正确的用人观,培养紧密团结、互助友爱的协作精神;做有温度、有情怀的管理者。

【案例】

1955年,雷·克拉克(Ray Kroc)在美国开设了第一家麦当劳快餐店,随后其发展迅速,其在每个州都开设了连锁店,并于1967年在加拿大开设了第一家国外分店。到1983年,麦当劳在美国已有6000多家分店,并将业务拓展到全球。可以说,麦当劳已经形成了自己的快餐文化,每天有超过1800万人光顾麦当劳。其实麦当劳的菜单上品种并不多,它们没有什么特别之处,几十年来都是一贯制作风格,品种几乎没有什么变化或创新。那么,是什么让人们蜂拥而至,百吃不厌呢? 简单来说,麦当劳公司几十年来的优质服务赢得了大众对其的喜爱。

在快餐业,产品质量和服务水平的高低是成功的关键。虽然道理很简单,但是它的管控难度很大,尤其是对于麦当劳这样的大型连锁店来说,在全球有上万家分店。要保证始终如一的优质产品和服务,其管理和控制的难度可想而知。因此,麦当劳在采用连锁经营实现规模扩张的同时,非常重视对所有连锁店的管理和控制,制订了一整套周密完善的管理办法,强调对原料的生产到加工、烹饪程序、销售乃至厨房布局的规范和严格管理。让麦当劳的顾客,无论在全球哪个分店,都能享受到同样的产品和服务。

麦当劳通过授予特许经营权的方式开辟连锁店,目的是采用这种激励机制让分店经理成为麦当劳的合伙人,分享其经营利润,从而做得更好。这种制度实际上限制和控制了其业务范围。

但是麦当劳在出售其特许经营权时非常谨慎。其永远要通过充分的调查和了解来选择合适的人。一旦发现已经取得特许经营权的管理者不合格,就会主动撤销授权。麦当劳认为，如果不采取这样严格的控制措施，一个分店的不良影响会影响到其他分店的业务，从而损害整个公司的声誉。

麦当劳把大量的时间和精力花在了快餐店的日常工作上，比如做汉堡、炸薯条、擦桌子等，并找出了每项工作的最佳操作模式，编制了详细的程序规则和质量控制标准，要求全世界的麦当劳经营者和员工严格遵循这些规则，进行标准化、规范化的操作。为了确保这些规章制度被准确理解和执行，公司还成立了一个专门的培训中心——汉堡大学，所有的操作人员都要在这里接受为期一个月的培训，然后所有的员工都会接受培训。

为了保证每一项规章制度都能得到严格执行，麦当劳总部的管理人员经常对遍布全球的分店进行检查、监督和控制，一旦发现问题就立即解决；此外，麦当劳公司要求各分店及时向总部上报有关成本和利润的信息，以便及时掌握各分店的经营状况和存在的问题，对各分店的经营业绩进行长期评估。麦当劳也非常重视创造独特的企业文化，他们提出了"质量优、服务优、清洁卫生、产品真"的口号，并使这一口号所体现的价值深入人心，使这一价值得到全体员工的认可和遵守，成为公司特有的管理控制手段。这种组织文化建设活动不仅在各分店自上而下地进行，而且因为其文化价值观最符合广大顾客的利益而被顾客接受和谈论，从而成为麦当劳公司上下共享的文化价值观，使公司利益和消费者利益达成一致，成为公司管控工作中减少摩擦和阻力的润滑剂。

第一节　人力资源管理的概述

一、人力资源管理的内涵

(一)人力资源管理的含义

随着人力资源管理理论和实践的不断发展，国内外产生了人力资源管理的各种流派，它们从不同的角度对人力资源管理进行了阐释，其中一个流派从宏观和微观两个层面解释了人力资源管理的含义：

从宏观上讲，人力资源管理就是对全社会总人口中的人力资源进行管理，使其与物质资源相适应，与社会再生产相适应。从微观上讲，人力资源管理是通过对组织内外人力资源的开发和利用，以实现组织的发展目标。

综合看来，人力资源管理就是指运用现代化的科学方法，根据企业发展战略的要求，有计划地对组织现有的人力资源进行合理配置，通过对组织成员的招聘、培训、考核、激励等一系列活动，充分发挥人的主观能动性，为组织创造价值，以实现组织目标。

人力资源管理继承了以往人事管理的大部分职能，是传统的人事管理或雇佣关系管理的最新形式。现在的人事管理已经不是传统意义上的人事管理，而是具有人力资源管理意义的人事管理，即在管理理念、方法与艺术方面有创新的雇佣关系的管理。

要正确地理解人力资源管理的含义,必须正确理解其与传统人事管理的联系和区别。实际上,人力资源管理和人事管理之间是一种共生和互相督促的关系。一方面,人力资源管理由人事管理演变而来,人力资源管理继承了人事管理的很多职能;另一方面,人力资源管理又不拘束于人事管理的范畴,可以说人力资源管理是一种全新视角的人事管理。两者的区别见表7-1。

表7-1　人力资源管理和人事管理的区别

比较角度	人事管理	人力资源管理
工作性质	以事务性工作为主	战略性与事务性工作并存
管理理念	因事评人	因人设事
管理内容	简单	丰富
管理视角	把人力看作成本	把人力看作资源
管理视野	缺乏远景规划	具有预见性
管理重点	以事为中心	以人为中心
战略地位	业务部门	战略决策核心

(二)人力资源管理的功能

在人力资源管理的发展中,提及人力资源管理功能的著作并不多,且不同的著作对人力资源管理的功能也有不同的解释,例如,余凯成教授提出,人力资源管理主要有五个功能:获取、整合、保持和激励、控制和调整、开发。

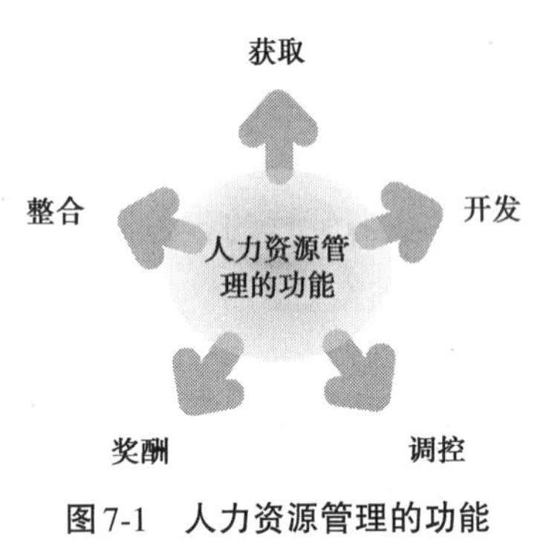

图7-1　人力资源管理的功能

我们认为,人力资源管理的功能主要有获取、整合、奖酬、调控和开发(图7-1)。

获取功能主要是吸纳优秀人才;整合功能是指使员工和睦相处、协调共事,并让员工获得整体认可;奖酬功能是对员工对组织所作出的贡献给予奖励;调控功能主要是指对员工进行控制和调控,实施合理、公平的动态管理;开发功能则是对组织内员工素质与技能进行培养与提高,最大地实现其个人价值。这五大功能可简单总结为选人、育人、用人、留人、裁人。

就这五项功能间的关系而言,获取功能是基础,它为其他功能的实现奠定了基础,只有获取了所需的人力资源,才能对其进行管理;整合功能是保障,它是企业稳定发展的前提,只有员工齐心协力、和平共处,企业才能稳步前进;奖酬功能是核心,它是其他功能的最终目的,如果不能通过奖酬激励员工,其他功能的实现就失去了意义;调控和开发功能是手段,只有公平对待员工,合理利用现有的人力资源并使每一位员工掌握相应的工作技能,奖酬功能的实现才会具备客观条件。

(三)人力资源管理的基本职能

对于人力资源管理的基本职能,国内外学者有不同的观点,其中相当多学者将人力资源管理的职能和功能混为一谈。这里需要强调的是,尽管人力资源管理的功能是通过它所承担的各项职能来实现的,但二者本质上仍有一定差别,人力资源管理的功能是指它自身发挥的有利作用或效能,而职能则是指它应当承担或履行的一系列活动任务。

结合国内外各种不同的研究方法,可以将其概括为以下六种职能:

1.人力资源管理规划职能

这一职能就是根据企业内外部环境和条件变化,通过对企业未来的人力资源的需要和供给状况的分析,运用科学的方法进行组织设计,对人力资源的获取、配置、使用、保护等各个环节进行职能型策划,制订企业人力资源供需平衡计划。

2.招聘与配置职能

这一职能指的是企业因为发展的需要,根据自身的经营战略和人才规划,寻找和聘用合适的人才,并配置到合适的岗位上。招聘主要包括招募、甄选、录用三个环节。人员的招聘是人员配置的重要前提,这一工作进行得好坏不仅直接影响人员配置的其他环节,而且对整个管理过程的进行,乃至整个组织的活动,都有着极其重要且深远的影响。

3.绩效管理职能

绩效管理是整个人力资源管理系统的核心。绩效管理是各级管理者和员工为了达到组织目标,共同参与的绩效计划制订、绩效辅导沟通、绩效考核评价、绩效结果应用、绩效目标提升的持续循环过程。

4.薪酬管理职能

这一职能主要是指企业结合员工所作出的贡献,向员工发放一定的报酬,并且优化和调整员工的薪酬结构和形式的过程。

5.培训与开发

这一职能是指组织为实现自身目标和员工个人发展的目标,采用一定的方式有计划、地系统地对全体人员进行培养和训练,使之提高与工作相关的知识、技能及态度等素质,以适应并胜任本职工作。

6.员工关系管理职能

员工关系管理职能就是管理企业中各主体,包括企业所有者、企业管理者、员工和员工代言人等之间围绕雇佣关系和利益关系而形成的权利和义务关系。

二、人力资源管理的作用

现代管理理论认为,对人的管理是现代企业管理的核心。人力资源管理属于一种支持性活动,其主要作用是为企业的核心价值创造流程提供支持,以确保主要价值创造活动得以顺利完成。具体地说,人力资源管理对于一个组织的作用主要表现在以下几个方面。

1.有利于促进生产经营的顺利进行

通过人力资源的有效管理,不断协调劳动力之间、劳动力与劳动资料和劳动对象之间的关系，充分利用现有的生产资料和劳动力资源，形成最优的配置，从而保证生产经营活动有条不紊地进行。

2.有利于建立和加强企业文化建设

优秀的企业文化可以促进企业员工的团结和友爱；减少教育和培训经费；降低管理成本和运营风险；并使企业获取巨额利润。此外，企业文化是企业发展的凝聚力和催化剂，对员工具有导向、凝聚和激励作用。

3.有利于提高劳动生产率

企业中的员工，他们有思想、有感情、有尊严，这就决定了企业人力资源管理必须设法为劳动者创造一个适合他们所需要的劳动环境，使他们乐于工作，并能积极主动地把个人劳动潜力和智慧发挥出来，为企业创造更有效的生产经营成果，从而达到提高生产效率的目的。

4.有利于提高经济效益，并使企业的资产保值

科学配置人力资源，合理组织劳动力，可以让企业以最小的劳动力消耗取得最大的经济成果。在市场经济条件下，企业要争取企业利润最大化、价值最大化，就需要加强人力资源管理。

第二节　人力资源管理的发展与演变

人力资源管理是从传统人事管理的演变而来的，随着知识经济的深入发展，人力资源在组织中的战略地位显得更加重要，人力资源管理在组织中的定位也发生了重大变化，其从一种辅助式的行政管理上升为一种具有战略支持意义的管理系统。人力资源管理的发展大致经历了三个阶段：人事管理阶段、人力资源管理阶段、战略人力资源管理阶段。

一、人事管理阶段

早期的人事管理是伴随着工业革命的产生而发展起来的。工业革命的爆发导致大机器生产方式的产生，出现了大规模的雇佣关系，因而必须有人处理组织中涉及人的一系列事务和活动，例如管理福利计划、人事档案、上岗培训、工时记录、报酬支付等事宜。

伴随着工业革命的深入发展，组织规模不断壮大，劳动专业程度越来越高，过去仅靠个人经验的管理模式逐渐被泰罗所提倡的科学管理所取代。在组织中针对人的管理模式基本形成，这让人事管理基本成熟。但是，人事管理工作的特征是照章办事，属于事务性工作。

二、人力资源管理阶段

20世纪60年代，随着行为科学学派等新的管理理论的出现，人的重要性受到关注，人从机器的附属品转变为组织中的一种重要资源。同时，20世纪60—70年代，人事立法急剧增加，反歧视立法日益健全，有效的人事管理受到重视，也增加了人事管理职能的重要性。更

重要的是，由于竞争日益激烈，企业广泛采用的竞争手段的成功与否几乎都与人有直接关系，因此其推动了人事管理职能的转变。

最早提出“人力资源”概念的是著名的管理学家彼德•德鲁克，他在1954年出版的《管理的实践》一书中提出了这一概念，他认为人力资源拥有其他资源所没有的素质，即“协调能力、融合能力、判断力和想象力”。至此，西方企业开始出现人力资源部，除了从事传统的事务，其还增加了人力资源规划、政策制订、人力资源开发、职业生涯管理、工作分析与设计等职能。而且，人力资源部开始参与企业战略规划的制订与实施，人力资源管理的责任是确保组织在适当的时间、以适当的成本获得适当数量、类型和技能的员工，以满足组织当前及未来的需要。

三、战略人力资源管理阶段

20世纪90年代以来，企业面临的竞争环境日益激烈。理论家与实践者们都认识到，在一种竞争性的环境下，战略性地管理人力资源能够为企业提供一种持续的竞争优势。与技术和资本等其他因素相比，人力资源可以持续创造竞争优势。因此，这对人力资源管理提出了更高的要求：它要求在战略实施过程中，人力资源管理和战略之间应该保持动态协同。同时，人力资源功能通过规划、政策与实践，创造实施战略的适宜环境，发挥“战略伙伴”的作用，从而使组织更具竞争力。而传统的人力资源管理，很难使人力资源功能同时满足上述要求，因而战略人力资源管理理论与实践应运而生。

【案例】

“对外开放”——人力资源管理起步阶段

改革开放后，中国经济、社会、文化等各方面均得到了空前发展，与之相对应，我国现代人力资源管理取代了传统的劳动人事管理。然而，在20世纪80年代，由于“人力资源管理”的理念刚刚被学者们引入国内，人们对该理念的内涵还比较陌生，而且没有相应的理论，因此，学者和管理者们均把人力资源管理当成“人事管理”，且在该阶段，人力资源管理的实践并未被大规模应用。由于80年代初期，我国还属于计划经济体制，人们对人力资源管理的认识局限于对员工知识的管理和控制的工具成本观念，即传统控制模式或传统的降低成本模式，且该阶段实施的人事制度改革(国家直接管理、统包统配；国家宏观调控、企业自主用人)仍与计划经济体制相适应，并不是真正意义上的企业人事制度改革。

1978年，中共十一届三中全会召开后，我国开始推行“家庭联产承包责任制”和“增量改革”战略(对非国有部分进行改革，通过鼓励以市场为导向的乡镇企业的发展，促进国家经济的发展)，加上后来《中华人民共和国企业法》的颁布，扩大了我国企业的自主权。总的来说，这一时期的改革仍是计划经济体制下的“放权让利”的改革，通过对企业下放部分权力，调动企业生产的积极性，从而提高企业的产出，增加国家的财政收入。1984年国务院出台了《关于进一步扩大国营工业企业自主权的暂行规定》，该规定中的扩权范围包括生产经营计划、资金使用、资产管理、机构设置、人事劳动管理等十个方面。其中，在企业人事管理方面，基于“管少、管活、管好”的原则，将部分干部管理权下放给企业，让企业拥有部分人事任命、聘用等自主权。

1992年，我国开始确立社会主义市场经济目标，中国企业劳动人事管理也逐步随着市场化的影响发生了变革，我国企业拥有越来越多的自主权，不论是在经营上还是在人力资源管理上，都有很大的选择权。《关于深化企业劳动人事、工资分配、社会保险制度改革的意见》的出台，使得很多企业开始推行“干部能上能下、职工能进能出、工资能升能降”的机制，有利于打破原先的“三铁”局面。

这一阶段的人力资源管理除了受到时代特色以及政治、经济发展的影响，还受到西方人力资源管理理论的影响。早期学者们对人力资源管理研究的焦点主要是劳动人事管理和人才管理，学者王通讯从1978年开始，发表了300多篇论文，大多与人力资源管理或人才开发相关，他在早年的学术研究中指出，人力资源管理与开发必将在中国兴起，并对中国传统的人事制度改革产生深远的影响，企业发挥人力资源功能，就是通过培训等手段激发员工具备与工作相关的现实能力，从而提高生产效率、实现组织目标。此外，赵履宽也是较早意识到人力资源管理的重要性并进行人力资源管理研究的学者之一，他曾提出中国的振兴取决于人力资源的开发，认为我国可以通过发展教育事业培养具有较高智力素质和非智力素质的人才，有效地开发和利用人力资源，吸收和使用已有的知识和技能，不断健全劳动力市场，促进我国整体经济状况的改善与发展。此阶段学者们的研究成果为中国人力资源管理的发展奠定了理论基础。

赵曙明1991年回国后，积极地将西方人力资源管理理念及相关理论引入我国，编写和出版了《国际企业：人力资源管理》等书籍，系统地介绍了西方已有的人力资源管理理论，强调通过人力资源开发和利用，发挥人力资源独有的价值优势。对于人力资源管理者而言，其不仅要关注企业员工智力的开发，还要关注道德意识的开发，通过智力投资不断挖掘员工的潜力，让员工得到充分的发展，将培养人才作为企业“最有价值的投资”。此外，不仅要制订企业人力资源管理发展的规划和计划，还需将其落实到具体的组织培训和发展中，关注员工的职业发展。因此，为推动企业的有效经营，培养适合企业发展的经营人才至关重要，如对于跨国企业而言，其需要培养从事跨国经营的人才，尤其需要培养具备德、智、识、能、体等各方面素质和能力的人才。

除了将西方的人力资源管理理论介绍到中国，有些学者还在研究人力资源管理问题时结合了其他学科的理论，如王重鸣通过对比国内外“大五人格”与工作绩效关系的研究结果，指出当时更多的研究侧重于个性与个体绩效，而忽略了其对团队绩效的影响，所以他建议学者们在后续研究中，不能只注重研究个体层面的变量，还要考虑团队、组织层面的影响。此外，他通过现场研究，提出基于不同类型员工的不同需求，实行不同的激励方案。时勘在早期的研究中发现员工培训存在很多问题，比如，由于缺乏动态的研究以及缺乏对培训的学习规律的认识，员工培训的效果大打折扣，因而他提出，通过心理学的实验研究，将一些心理学的研究方法与理论和具体的培训内容相结合，实现员工培训效果的最大化。1991年，俞文钊提出“激励的激励与去激励连续带模型”，区别了激励因素与去激励因素，并强调了如何将去激励因素转换成激励因素。

因此，从20世纪80年代开始到90年代初期，我国人力资源管理的发展处于导入期，此阶段学者们尝试运用西方已有的管理理论和观念来处理管理实践中遇到的问题。一开始，学者们更多地将研究集中在领导和激励领域，较少涉及招聘、选拔、薪酬等人力资源管理课题，但随着人力资源管理的不断发展，人力资源管理的几大领域均成为学者们关注、研究和应用的重点，学者们的研究成果对国内外学术界以及实践领域均有较大影响，为后续的研究奠定了一定的理论基础。

（赵曙明，张敏，赵宜萱.人力资源管理百年：演变与发展[J].外国经济与管理，2019，41(12)：50-73.）

第三节　人力资源管理的运用

一、人力资源管理的原则

在组织管理过程中，对人力资源进行合理配置、对促进整个组织经营管理的有效运行具有极为重要的作用。作为企业战略规划的核心，人力资源管理要遵循以下几个主要原则：

1.系统次优化原则

系统优化原则即实现整体功能最大化，而非每个局部功能最大化。

2.能级对应原则

在人力资源开发中，要根据人的能力大小安排工作、岗位和职位，使人尽其才，才尽其用。

3.激励强化原则

通过奖励，创设满足员工各种需要的条件，激发员工的动机，对员工的劳动行为实现有效激励。

4.要素有用原则

在人力资源开发和管理中，任何要素（人员）都是有用的，关键是为它创造发挥作用的条件。人的长处、特点应得到充分发挥，组织为其制造、提供适宜的条件。

5.反馈控制原则

在人力资源开发过程中，各个环节、各个要素或各个变量形成前后相连、首尾相顾、因果相关的反馈环。因此，我们在人力资源开发中要注意把握各个环节或各个要素之间的关系，通过抓住关键环节或要素，提高工作效率。

6.弹性冗余原则

人力资源开发过程必须留有余地，保持弹性，不能超负荷或带病运行。

7.互补增值原则

人各有所长也各有所短，以他人之长补自己之短，从而使每个人的长处得到充分发挥，避免短处对工作的影响，通过个体之间取长补短而形成整体优势，实现组织目标的最优化。

8.利益相容原则

当双方利益发生冲突时，寻求一种方案，该方案在原来方案的基础上，经过适当的修改、补充或者提出另一个方案，使双方均能接受该方案，从而实现利益相融。

9.竞争强化原则

企业或组织通过各种有组织的、非对抗性的良性竞争，培养和激发人们的进取心、毅力和创造精神，使他们全面施展自己的才能，达到服务社会、促进经济发展的目的。

10.信息催化原则

企业或组织应运用最新的科学技术知识，最新的管理理论武装员工，建立并保持人力资源质量优势。

11.主观能动原则

企业或组织应高度重视员工主观能动性的发挥和控制，为员工提供和创造良好的条件，使员工的思维更活跃，主观能动性得到更好地发挥。

12.文化凝聚原则

组织文化是一种建立在组织成员信仰之上的共同价值观，组织文化对组织的人力资源具有重要的凝聚功能和约束功能。

二、人力资源管理的方法

人力资源管理是一门艺术，它并不是一成不变的，而需要被灵活运用。如何进行人力资源管理也是组织制订战略时应当思考的一点。

1.做好人力资源管理规划

人力资源规划是现代人力资源管理工作的重要组成部分，是确保组织在发展中选择人才、控制成本的关键。在预测企业未来发展状况的条件下，为组织对人员的考核录用、培训、晋升、调整等提供可靠的信息和依据。人力资源规划主要就是做好晋升规划、培训规划、调整规划、职业生涯规划以及薪酬规划等几个方面的工作。

2.建立人力资源管理体系

当一些中小企业走过创业期进入稳定发展期后，其迫切需要完善管理流程建立、岗位重构等工作。其应本着效率最优原则，按照一定的客观衡量标准，建立并调整分工协作体系，做好工作评价、工作分析、组织设计和工作设计及工作衡量和方法研究。

3.注重人力资源合理开发

人力资源开发的观点是把人当作一种资源来看待，一种可以开发并使其充分发挥才能的资源，追求的效果不只是功利目标。在现代企业制度中，企业的核心竞争力是人才，人才具有无可替代的、不能复制的优势。组织要重视人员的潜力开发，调动其各方面的积极因素。

4.完善人力资源激励机制

人力资源是现代企业的战略性资源，也是企业发展的关键因素之一，而鼓励是人力资源的重要内容。鼓励是指激发员工的工作动机，也就是用各种有效的方法调动员工的积极性和创造性，使员工努力完成组织的任务，实现组织的目标。

三、企业人力资源战略管理

(一)人力资源战略管理的概念

人力资源战略是企业总体战略的下属概念,它是指企业在对所处的内外部环境和条件以及各种相关因素进行全面系统分析的基础上,从企业全局利益和发展出发,就企业人力资源开发与管理所做出的总体规划。人力资源战略管理就是对人力资源战略及其规划进行全方位的指挥、监督、协调和控制的过程。

(二)企业人力资源战略管理的方法

1.建立战略性现代人力资源管理体系

人才是推进战略执行的关键。从各方面研究来看,推进建立战略性现代人力资源管理体系,首先需要根据企业战略纲要等系列战略文件和建设世界一流企业的要求,建立战略人力资源管理体系,如职位体系、薪酬体系、绩效体系等,并以此推进各项工作(图7-2)。

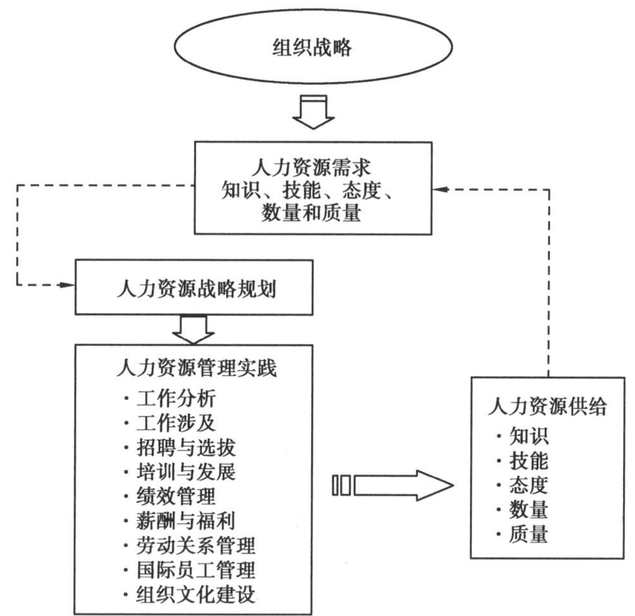

图7-2　战略性现代人力资源管理体系

2.制定人力资源战略规划

企业人力资源应根据战略进行全面的适应性改进,分析组织的工作,设置组织岗位,确定组织发展中所需的人力资源的数量、质量、层次等,修改和完善公司人力资源战略规划(图7-3)。

3.完善制度,重塑流程

按照战略性现代人力资源管理要求,对公司人员的招聘与选拔、培训与发展、绩效管理、薪酬与福利、劳动关系管理、国际员工管理、组织文化建设方面的制度进行完善。

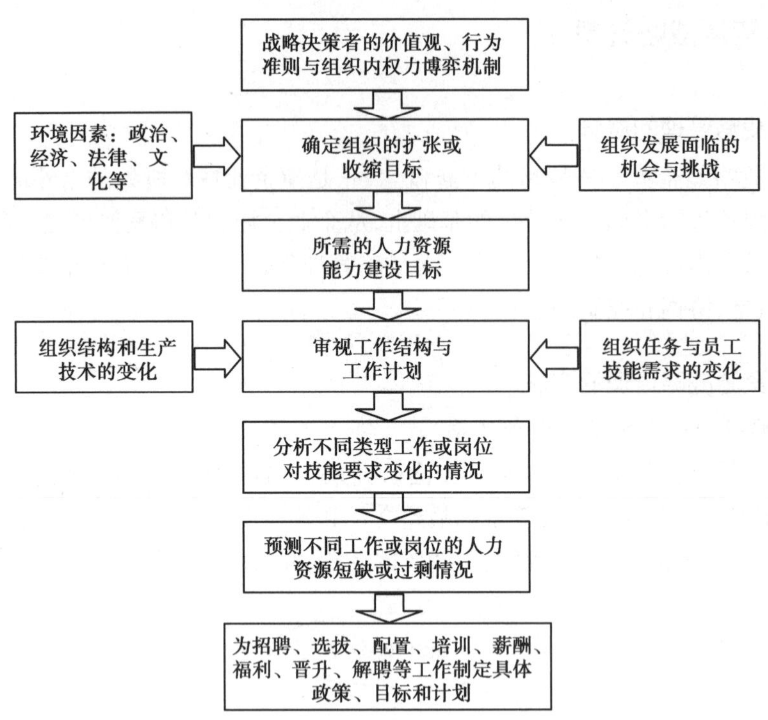

图7-3　修改和完善人力资源战略规划

4. 建立领导力模型和岗位胜任模型，以此建立任职资格体系

领导力建设是世界一流企业的显著特征。胜任力特征是能将某一工作(组织、文化)中有卓越成就者与表现一般的人区分开来的个人的深层次特征。我们可以借助素质冰山模型(图7-4)建立岗位胜任模型。然后，按照“领导力模型”和“岗位胜任模型”标准，确立一套与公司战略定位和发展目标相适应的任职资格体系。

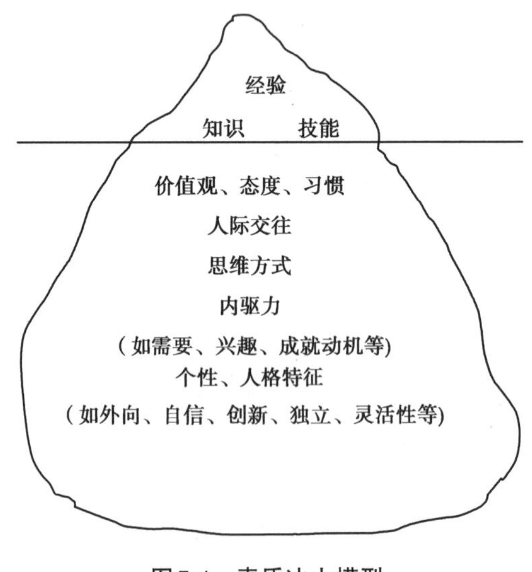

图7-4　素质冰山模型

(三)企业人力资源战略管理的意义

1.人力资源战略管理是企业发展的客观要求

现代经济发展日益复杂,除了市场的导向,还需要一种有意识的目标导向。这种目标导向的确定和实现路径的选择往往决定着一个组织,特别是企业的前途和命运。与传统劳动人事管理不同,现代人力资源管理的主要特征表现在"战略性"层面上:在战略指导思想上,现代人力资源管理是"以人为本"的人本管理;在战略目标上,现代人力资源管理是为了"获取竞争优势"的目标管理;在战略范围上,现代人力资源管理是"全员参与"的民主管理;在战略措施上,现代人力资源管理是运用"系统化科学方法和人文艺术"的权变管理。

2.人力资源战略管理是企业发展的有效手段

我们研究企业人力资本的"战略性激励",就是用政策激发人力要素的活性,激活人力要素的潜能,使每位员工在实现企业目标中发挥最大的作用,贡献更多的智慧和力量。在这里,我们需要强调的是"激励"而不是"鞭策"。

在企业的经营管理中,要想最大限度地调动员工的积极性和主动性,就要选择合适的手段和方法,其中最主要的应该是让企业的目标和员工的利益相一致,让员工在企业发展中实现自身的人生价值。所谓"激励",无非包括两个层面——物质层面的和精神层面的,企业每位员工都有物质利益的需求和精神层面的需求。按照唯物辩证法的逻辑规律,一般情况下,前者是基础,后者是高层次的、建立在前者基础上的。但人又是感情动物,在特殊情况下,人的精神需求可以超越物质需求。因此,激励的实质就是建立一种制度,设计一条路径,把个人的物质需求和精神需求与企业组织的发展目标"捆绑"起来,让个人的利益目标与企业目标相统一,最大限度地调动他们的积极性、能动性和创造性。

3.人力资源战略管理的核心是战略性激励

我们研究市场经济条件下的人力资源管理,就是要从宏观的角度用战略的眼光,研究如何顺应当今时代民情的变化,达到大多数人的要求,制定出合理的政策制度,保证社会生活主体的主动性、积极性有效实现。其中的难题是如何使个人的利益、个人的选择、价值判断与社会集体的利益、集体的意志、社会集体的价值判断趋于一致,建立完善的人力资源配置机制和制度。

创新是一个民族进步的灵魂,是一个国家兴旺发达的不竭动力。竞争和激励能够激发人的创新欲望,激活人的创新潜能。建立和完善人力资源的竞争、激励机制必须以"战略性激励"为核心,也就是从企业长远发展的战略高度、从企业整体的角度进行系统整合。

【本章小结】

1.人力资源管理就是指运用现代化的科学方法,根据企业发展战略的要求,有计划地对组织现有的人力资源进行合理配置,通过开展针对组织成员的招聘、培训、考核、激励等一系列活动,充分发挥员工的主观能动性,为组织创造价值,以实现组织目标。

2.人力资源管理的功能主要有获取、整合、奖酬、调控和开发。

3.人力资源管理的六大职能:人力资源管理规划、招聘与配置、绩效管理、薪酬管理、培训与开发、员工关系管理。

4. 人力资源战略是企业总体战略的下属概念，它是指企业在对所处的内外部环境和条件以及各种相关因素进行全面系统分析的基础上，从企业全局利益和发展出发，就企业人力资源开发与管理做出的总体规划。人力资源战略管理就是对人力资源战略及其规划进行全方位的指挥、监督、协调和控制的过程。

【课堂讨论】

1. 如何理解人力资源管理的内涵。
2. 简述人力资源管理的基本职能。
3. 人力资源管理经过了哪几个发展阶段。
4. 简述企业进行人力资源战略管理的步骤。
5. 如何理解人力资源战略管理的意义。

第四篇 领导

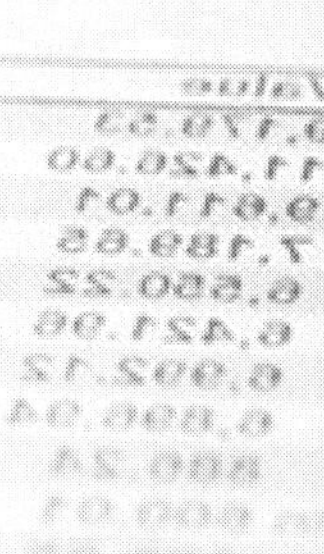

第八章 沟 通

【学习目标】

1.知识目标:掌握沟通在管理中的重要性,理解沟通的本质和一般过程、沟通类型及渠道;理解有效沟通的标准,理解冲突的内涵与本质,了解冲突产生的原因及类型。

2.能力目标:能够分析影响有效沟通的各种因素;掌握克服沟通障碍的方法;掌握人际沟通的障碍和方法;掌握冲突管理方法。通过实践,加强对理论与实践关系的认识,懂得理论在现实中的具体表现,能够使用理论分析现实问题。

3.情感态度目标:强化理想与信念教育、法治与道德教育、集体主义教育、爱国主义教育和优秀传统文化教育。引导学生树立远大的人生理想、正确的权力观和积极的工作价值观,并具备道德评判力和公民责任感。

【案例】

摩托罗拉(Motorola)公司成立于1928年,作为世界财富百强企业之一,其是全球芯片制造、电子通信的领导者,其经营无疑是非常成功的,而其企业内部高效的沟通模式正是成功的要素之一。以人为本是摩托罗拉公司的核心理念之一,在摩托罗拉公司,每一个管理者都被要求与普通操作工形成介于同事与兄弟姐妹之间的关系——在人格上千方百计地保持平等。"对人保持不变的尊重"是公司的个性。最能体现其个性的是它的"Open Door"沟通模式,共包含11条,是员工表达意见和发泄情绪的途径。

摩托罗拉公司的高层管理者曾说:"我们所有管理者办公室的门都是绝对敞开的,任何职工在任何时候都可以直接敲门进来,与任何级别的上司平等交流。每个季度第一个月的第一天,中层干部都要同自己的手下和自己的主管进行一次关于职业发展的对话,回答'你在过去三个月里受到尊重了吗?'之类的6个问题。这种对话是一对一和随时随地的"。其公司的"Open Door"包含以下内容。

①我建议(I Recommend),以书面形式向公司提出各方面的意见和建议,全面参与公司管理。

②畅所欲言(Speak out),是一种保密的双向沟通渠道,如果员工要对真实的问题进行评论或投诉,应诉人必须在3天之内对隐去姓名的投诉信给予答复,整理完毕后由第三者按投诉人要求的方式反馈给本人,全过程必须在9天内完成。

③总经理座谈会(G M Dialogue),每周四召开座谈会,大部分问题可以当场被答复,7日内对有关问题的处理结果予以反馈。

④报纸与杂志(Newspaper and Magazines),摩托罗拉公司给自己内部报纸起的名字叫《大家庭》,内部有线电视台叫《大家庭》电视台。

⑤每日简报(DBS),方便快捷地了解公司和部门的重要事件和通知。

⑥员工大会(Townhall Meeting),由经理直接传达公司的重要信息,有问必答。

⑦教育日(Education Day),每年重温公司的文化、历史、理念和有关规定。

⑧墙报(Notice Board)。

⑨热线电话(Hot Line),当你遇到任何问题时都可以打这个电话向相关部门反应,昼夜均有人接听。

⑩职工委员会(ESC)是员工与管理层直接沟通的另一座桥梁,委员会主席由员工关系部经理兼任。

⑪589信箱(589 Mail Box),当员工尝试通过以上渠道提出意见和建议仍无法得到充分、及时和公正的对待时,其可以直接写信给天津市589信箱,此信箱钥匙由中国区人力资源总监亲自管理。

摩托罗拉公司用这些办法,架起了员工与员工、员工与管理者、管理者与管理者沟通的桥梁,并且极大地促进了企业内部和谐和高效的运转,对企业的发展起到了重要作用。

没有信息交流就不可能有领导行为。领导者指挥、协调、控制作用的发挥都是建立在与他人良好沟通的基础之上。

第一节　沟通的基本原理

一、沟通的定义

沟通是人际关系中最基本的行为。尽管管理工作的各个方面都需要沟通,但是在行使领导职能时沟通的作用尤其重要。领导工作本质上是领导者与被领导者之间的人际交往。领导者是通过人际关系来影响组织中的成员去实现组织目标的。

沟通是为了一个设定的目标,在个人或群体间传递信息、思想和情感,并且达成共同协议的过程。从这个意义上讲,沟通首先是信息和想法的传递,如果信息和想法没有被传递,则意味着沟通没有发生。但是要使沟通成功,信息和想法不仅需要被传递,还需要被理解。完美的沟通若存在的话,应该是经过传递后被接收者感知的信息与发送者发出的信息完全一致。

理解沟通的定义需要把握以下几个方面:

①沟通首先是意义的传递。如果信息和想法没有被传递,则意味着沟通没有发生。也就是说,说话者没有听众或写作者没有读者都不能构成沟通。

②沟通中传递的信息包罗万象,既可以是单纯的信息交流,也可以是思想、情感、态度和

价值观的综合交流。

③沟通的目的是双方相互理解而非意见一致。良好的沟通应是准确理解信息的意义，而不是沟通双方能否达成一致。

④沟通是一个双向的、互动的反馈和理解过程。如果预料的结果并未出现，接收者并未对发送者发出的信息做出反馈，那就是没有实现有效沟通，其需要反思沟通的方式与方法。

二、沟通的重要性

萧伯纳曾经说过："你有一个苹果，我有一个苹果，彼此交换。则各人手里还是一个苹果。你有一种思想，我有一种思想，彼此交换，那么两人就各有两种思想。"由此可知，沟通的作用是显而易见的。良好的沟通可促使有关想法、意见、观点、信息等得到交流、交换和共享，从而达成相互了解和信任。管理中沟通的作用和重要性主要体现在以下几个方面：

①沟通是计划、组织、领导和控制等管理职能得以实现和完成的基础。

②通过沟通，领导者把组织内部的成员联系起来，协调各成员、各要素，使组织成为一个有凝聚力的有机整体，实现组织的目标。

③沟通是激发员工工作热情和积极性的重要方式。充分而有效的沟通，会让员工明白其所做工作的目标、意义和价值，能提升他们的工作热情和主动性。

④沟通是员工做好工作的一个保障。只有通过沟通，管理者才能准确、及时地把握员工的工作进展、工作难题，并及时为员工工作中遇到的困难的解决提供支持和帮助，从而帮助员工及时、高质量地完成工作，进而保证整个单位、部门乃至整个组织协调运转。

三、沟通的条件

沟通必须具备一定的条件。假设有一条船发生了海难，留下了三位幸存者，这三位幸存者分别游到三个相隔很远的孤岛上。第一个人没有手机，他只有高声呼救，但在他周围两里以内都没有人；第二个人有手机但手机已受潮，他的家人虽然接到了他的电话，却无法听清他的声音，他发短信时又发现已无法使用手机；第三个人有一部完好的手机，所处的地方也有手机信号，他通过手机向外报告自己现在的状况和所处的方位，救援飞机收到其他部门传过来的呼救信号后迅速前往孤岛救他。

在上述事例中，虽然三个人都在呼救，都在联系岛外的人，但由于各自联络的条件不同，效果就截然不同。上述的三个人中，第一个人未能联络到岛外的人，第二个人虽进行了联络，但无法正常发出信息，对方无法接收信息，只有第三个人实现了与外界人的沟通。由此可以看出，要进行沟通就必须具备三个基本条件：有信息发送者和信息接收者；有信息内容；有能够传递信息的渠道或方法。

而要通过沟通取得他人的理解与支持，还要求满足以下条件：

①发送者发出的信息应完整、准确；

②接收者能接收到完整的信息，并能够正确理解这一信息；

③接收者愿意以恰当的形式按传递的信息采取行动。

思考题：信息是通过怎样的方式从发送者传递到接收者的呢？

四、沟通的过程

任何沟通必须具备三个基本条件：

①沟通必须涉及两个或两个以上的主体；

②沟通必须有一定的沟通客体，即信息情报等；

③沟通必须有信息情报的载体，如文件等。

沟通是一个复杂的过程，具体步骤如图 8-1 所示。

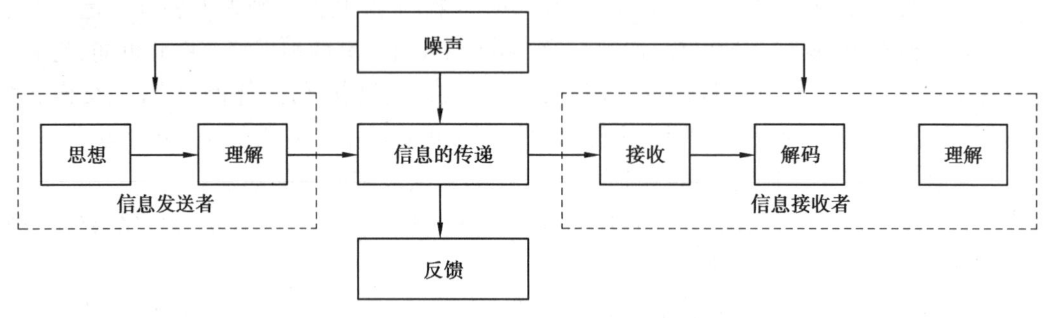

图 8-1　沟通的过程

1. 信息发送者

信息发送者也就是沟通的发起者，他出于某种原因产生需要与他人沟通的想法，将需要沟通的内容进行编码以传递给他所要沟通的对象。

2. 编码

编码就是将信息转换成传输的信号或符号的过程，如文字、数字、图画、声音或身体语言等。信息发送者必须将信息编码成信息接收者可以解码的信号。信息在编码的过程中将受信息发送者的技能、态度、知识、文化背景等影响，编码的信号不清楚会影响信息接收者对信息的理解。

3. 信息的传递

通过某种渠道将信息传递给信息接收者，由于选择编码的方式不同，传递的方式也不同，其可以是书面的，也可以是口头的，甚至可以通过形体动作来表示。

4. 信息接受者

信息接收者是信息发送者传递信息的对象，他接收信息发送者传来的信息，并将其解码、理解后形成自身的想法。

5. 解码

解码就是信息接收者将通道中加载的信息翻译成他能够理解的形式。信息接收者在解码的过程中，需要将信息与经验、知识和文化背景相结合，以将获得的信号转换为正确的信息。如果解码错误，信息将会被误解或曲解。

6. 反馈

信息接收者将其理解的信息再反馈给信息发送者，信息发送者对反馈的信息加以核实并进行必要的修正。反馈构成了信息的双向沟通。

7.噪声

噪声是指沟通过程中对信息传递和理解产生干扰的一切因素。噪声存在于沟通过程的整个过程，如难以辨认的字迹、沟通双方有较难听懂的语言、固有的成见、身体的不适、对对方的反感等都可以成为沟通的噪声。

第二节 沟通的类别

一、根据沟通渠道划分

1.正式沟通

正式沟通是指在组织系统内，依据正规的组织程序，按权力等级进行的沟通。例如，组织与组织之间的公函来往、组织内部的文件传达、会议的召开、上下级之间的定期情报交换等。

正式沟通按照信息的流向可以分为上行、下行和平行沟通三种形式。

①上行沟通。上行沟通是下级部门或人员按照组织的隶属关系与上级部门或领导者进行的沟通。其主要方式有正式报告、汇报会、建议箱、申诉、接待日、离职谈话等。

②下行沟通。下行沟通是传统组织内最主要的沟通，一般以命令方式传达上级组织或其上级所决定的政策、计划、规定之类的信息，有时颁发某些资料让下属使用，等等。这种沟通方式又分为口头沟通方式和书面沟通方式。其中口头沟通方式是指面对面指示、谈话、会议、广播、电话等；书面沟通方式主要指各种备忘录、信函、公司手册、公司政策声明、工作程序以及年度报告等。

③平行沟通。平行沟通主要是同一层次、不同业务部门之间的沟通。

正式沟通的优点是：沟通效果好、严肃、约束力强、易于保密，可以使信息沟通具有权威性。重要的消息和文件的传达、组织的决策等，一般都采取这种方式。其缺点在于：因为依靠组织系统层层传递，所以很刻板，沟通速度较慢。此外，其存在信息失真或扭曲的可能。

在正式沟通系统内，一般情况下沟通的机会并不多，若采用委员会和举行会议方式进行沟通，往往费时、费力，沟通的效果也不理想。因此，组织为顺利进行其工作，必须依赖非正式沟通来辅助正式沟通的不足。

2.非正式沟通

非正式沟通是指通过正式沟通渠道以外的方式进行信息交流。非正式沟通是正式组织的副产品，它一方面满足了员工的需求，另一方面弥补了正式沟通系统的不足，是正式沟通的“有机补充”。非正式沟通包括非正式组织内部的沟通和正式组织中不按照正式组织的组织程序而进行的沟通。

非正式沟通有以下几个特征：

①非正式沟通的形式具有多变性和动态性；

②非正式沟通的信息传播速度快且易迅速扩散，信息往往是不完整的；

③非正式沟通通常不易受到人们的重视；

④非正式沟通可以发生于任何地方、任何时间，其内容也不受限制。

非正式沟通具有以下优点：

①非正式沟通更易满足员工的心理需求；

②非正式沟通有代替正式沟通渠道的功能；

③非正式沟通可以传递正式沟通所不愿传送的消息；

④非正式沟通将上级的正式命令转化为基层人员易理解的语言，易被员工接受；

⑤非正式沟通可以防止某些管理者滥用正式沟通而产生的信息“过滤”现象。

二、根据媒介形式划分

1.语言沟通

语言沟通是指以词语符号为载体实现的沟通，主要包括口头沟通和书面沟通。

①口头沟通也就是交谈，是人们之间最常见的交流方式。常见的口头沟通包括演说、正式的一对一讨论或小组讨论、非正式的讨论以及传闻或小道消息传播。口头沟通是所有沟通形式中最直接的方式。它的优点是能实现快速传递和及时反馈。在这种方式下，信息可以在短时间内被传达，并在短时间内得到对方回复。如果接收者对信息有疑问，迅速的反馈可使信息发送者及时检查其中不够明确的地方并进行改正。但是，口头沟通也存在缺陷。其缺点在于信息传递过程中存在失真的可能性。每个人都以自己的偏好增删信息，以自己的方式诠释信息，当信息到达接受者时，其内容往往与最初的含义存在重大偏差。

②书面沟通指借助文字进行的信息传递与交流，如通知、文件、总结、汇报等。书面沟通的优势在于：首先，沟通的信息可以长期保存。如果对信息的内容有疑问，对信息的查询就是必要的。对复杂或长期的沟通来说，这尤为重要。其次，书面沟通更加周密、逻辑性强、条理清楚。书面语言在正式发表之前可以反复修改，直至作者满意。作者欲表达的信息能被充分、完整地表达出来，减少了情绪、他人观点等因素对信息的影响。最后，书面沟通的内容易于复制、传播，这对大规模传播来说，是一个十分重要的条件。但是，相对于口头沟通，书面沟通耗费时间较长。同等时间的交流，口头沟通比书面沟通所传达的信息要多得多。此外，书面沟通缺乏内在的反馈机制，其结果是无法确保所发出的信息被接收，即使接收到信息也无法确保接收者对信息的理解正好是发送者的本意。发送者往往要花费很长时间来了解信息是否已被接收并被接收者准确理解。

2.非语言沟通

非语言沟通是相对于语言沟通而言的，是指通过身体动作、体态、语气语调等方式交流信息的过程。在沟通中，信息的内容部分往往通过语言来表达，而非语言则作为提供解释内容的框架来表达信息的相关部分。因此非语言沟通常被错误地认为是辅助性或支持性角色，在人类的沟通中互动双方所获得的信息有很大一部分来自非语言的行为。

非语言沟通主要表现为以下几种方式：

①身体语言沟通包括动态的身体语言和静态的身体语言两种。动态的身体语言是通过动态无声性的目光、表情动作、手势语言和身体运动等实现沟通的，人们可以通过面部表情、手部动作等身体姿态来传达诸如恐惧、腼腆、傲慢、愉快、愤怒等情绪或意图。静态的身体语言是通过无声性的身体姿势、衣着打扮等来实现沟通的。

②副语言沟通是通过非语词的声音，如重音、声调的变化、哭、笑、停顿等来实现的。心理学家称非语词的声音信号为副语言。语言表达方式的变化，尤其是语调的变化，可以使字面相同的一句话具有完全不同的含义。比如一句简单的口头语“真棒”，当音调较低、语气肯定时，表示由衷的赞赏；而当音调升高，语气抑扬时，则有可能变成刻薄的讥讽和幸灾乐祸。

③物体操纵包括环境的布置、辅助仪器与设备的使用等。例如，一位车间主任在和工长讲话的时候，心不在焉地拾起一小块碎砖。他刚一离开，工长就命令全体员工加班半个小时，清理车间卫生。实际上车间主任并未提到关于清理卫生的一个字。

【案例】

你的心思他永远不懂

星期五下午3点半，在宏远公司经理办公室，经理助理李明正在起草公司上半年的营销业绩报告，这时公司销售部副主任王德全带着公司销售统计材料走进来。

“经理在不?”王德全问。

“经理开会去了，”李明起身让座，“请坐。”

“这是经理要的材料，公司上半年的销售统计资料全在这里。”王德全边说边把手里的材料递给李明。“谢谢，我正等着这份材料。”李明拿到材料后仔细地翻阅着。

“老李，最近忙吗?”王德全点燃一支烟，问道。

“忙，忙得团团转！现在正起草这份报告，今晚大概又要加班了。”李明指着桌上的文稿纸回答。

“老李，我说你呀，应该学学太极拳。”王德全从口中吐出一个烟圈说道：“人过40，应该多注意身体。”

李明闻到一股烟味，鼻翼微微翕动着，心里想：老王大概要等这支烟抽完了才会离开，可我还得赶紧写这份报告。

“最近我从报纸上看到一篇短文，说无绳跳动能治颈椎病。像我们这些长期坐办公室的人，多数都患有颈椎病。你知道什么是‘无绳跳动’吗?”王德全自顾自地往下说，“其实很简单……”

李明心里有些烦，可是碍于情面不方便说，他瞥了一眼墙壁上的挂钟，已经4点钟了，李明把座椅往身后挪了一下，站起来伸了个懒腰说：“累死我了。”

又过了一会，李明开始整理桌上的稿纸。

“‘无绳跳动’与‘有绳跳动’十分相似……”王德全抽着烟，继续自己的话题……

该案例中存在许多非语言沟通，请试着找出来。

试想，如果遇到相同情况你会做出哪些非语言沟通行为。

三、根据信息反馈划分

1.单向沟通

单向沟通是指在沟通过程中，信息发送者与接收者之间的地位不变，一方主动发送信息，另一方只被动地接收信息，没有反馈，如报告、发布指示和命令等。这种沟通方式的优点是信息传递速度快、信息发送者不受接受者的限制，能保持和维护个人的尊严。因此，当工作性质简单又急需被完成时，或遇到紧急情况不需要甚至根本不允许商讨时，单向沟通方式的效果很好。但由于接收者没有机会表达所理解的信息内容，单向沟通有时准确性较差。另外，单向沟通缺乏民主性，容易使对方产生抵触情绪，心理效果较差。

2.双向沟通

双向沟通是指在沟通过程中，信息发送者和接收者的地位不断变换，信息在两者间反复流动，直到双方对信息有了共同理解为止，如讨论、面谈等。这是有信息反馈的沟通。在双向沟通中，沟通者可以检验接收者是如何理解信息的，也可以使接收者明白其所理解的信息是否正确，并可要求沟通者进一步传递信息。其优点是沟通信息的准确性高，接收者有反馈意见的机会，双方可以交流磋商，加深对彼此的了解，建立良好的人际关系。缺点是沟通过程中接收者要反馈意见，有时沟通会受到干扰，影响信息的传递速度。另外由于要时常面临接收者的提问，信息发送者会产生心理压力。

第三节　沟通障碍及改善方法

一、有效沟通的标准

在沟通的过程中，由于各种因素的影响，经常发生信息失真和被曲解的现象，信息传递不能正常发挥作用，有效沟通是指组织能够克服各种因素的干扰，保证信息交流的可靠性和准确性。

1.保证沟通的“量”

有效沟通要保证传达足够的信息量。如果信息内容缺失，即使其他方面做得再好，接收方也无法全面、完整、准确地理解。

2.保证沟通的“质”

沟通不仅仅是信息的传递，更重要的是信息需要被准确地表述和理解，这就是沟通的“质”。

3.保证沟通的“时”

沟通的有效性很大程度上依赖于信息的及时性。一条过时的信息即使是完整而准确的，其价值也可能会大打折扣。

二、影响有效沟通的因素

影响沟通过程的障碍包括人际障碍、组织障碍和文化障碍。

（一）人际障碍

人际障碍可能来源于信息发送者，也可能来源于信息接收者，通常是认知、能力、性格等方面的差异所造成的。人际障碍主要表现为以下几种。

1.表达能力

有的沟通者表达能力欠佳,如用词不当、口齿不清、逻辑混乱、自相矛盾、模棱两可等,这些都会使信息接收者难以准确理解信息发送者的真正意图。

2.知识和经验差异

有一个秀才去买柴,他对卖柴的人说:“荷薪者过来!”卖柴的人听不懂“荷薪者”(担柴的人)三个字,但是听得懂“过来”两个字,于是把柴担到秀才前面。秀才问他:“其价如何?”卖柴的人听不太懂这句话,但是听得懂“价”这个字,于是就告诉秀才价格。秀才接着说:“外实而内虚,烟多而焰少,请损之。(你的柴外表是干的,里头却是湿的,燃烧起来会浓烟多而火焰小,请减些价钱吧。)”卖柴的人因为听不懂秀才的话,于是担着柴就走了。正是因为信息接收者与信息发送者的知识水平存在差异,所以最终他们之间的沟通出现了障碍。

当信息发送者将自己的观点编译成信息码时,他只是在自己的知识和经验范围内进行编码。同样,信息接收者也只是在他们自己的知识和经验基础上理解对方传送的信息含义。双方共有的知识和经验越多,沟通就越顺畅;共有的知识和经验越少,即使在信息发送者看来很简单的问题,信息接受者也可能无法理解,从而沟通失败。

3.个性和关系

一个诚实的、正直的、有良好人际关系的人,发出的信息容易使人相信;反之,一个虚伪的、狡诈的、人际关系差的人,发出的信息即使属实,也不一定让人轻易相信。

4.情绪

在接收信息时,信息接收者的感觉会影响其对信息的理解。不同的情绪状态会使个体对同一信息的理解截然不同。极端情绪很可能妨碍有效沟通,因为在极端情绪状态下,人们经常忽视理性和客观的思维活动而以情绪判断取而代之。

5.选择性知觉

在沟通过程中,信息接收者会根据自己的需要、动机、经验、背景及其他个性特征有选择性地去看或者去听信息。在理解信息时,其还会把自己的兴趣和期望带到所接收的信息中,符合自己观点和需要的,就容易听进去;不符合自己观点和需要的,就不太容易听进去。

6.信息过滤

信息过滤是指信息发送者为了投信息接收者所好,故意操纵信息传递的过程,造成信息歪曲。例如,员工常因害怕传达坏消息或想取悦上级而向上级“报喜不报忧”,这就是在过滤信息。过滤信息的决定因素主要是组织结构中的层级数目,组织纵向的层级越多,过滤的机会也就越多。

7.信息过载

信息不足会影响沟通的效果,但是信息过量同样会妨碍有效沟通。现在的人常常抱怨信息过载、电子邮件、电话会议、专业阅读资料等带来的大量信息使人应接不暇。当加工和消化大量的信息变得不可能时,人们就会忽视、不注意或者忘记信息,这经常会导致信息流失,降低沟通的效率。

(二)组织障碍

正如人际障碍会降低沟通有效性一样,组织障碍也会降低沟通有效性。组织障碍的根源在于组织的等级结构。无论组织的复杂程度如何,它们都有专门的职责和多层职权,这种专业化分工为沟通困难的产生提供了"机会"。组织障碍主要表现为以下几种。

1.组织结构不合理

组织层级过多,信息在层层传递的过程中不仅容易失真,而且会浪费大量时间,影响沟通的效果与效率。另外,如果组织结构臃肿、各部门分工不明确、机构重叠或条块分割,就会给沟通双方带来一定的心理压力,导致信息的失真,从而降低信息沟通的有效性。

2.组织氛围不和谐

组织氛围也会对信息接收的程度产生影响。信息来自一个成员相互高度信赖的组织,它被接收的可能性要比来自氛围不佳、成员相互猜忌和提防的组织大得多。另外,命令和请示是否拘泥于形式的氛围也会影响沟通的有效性。如果组织任何工作都必须由正式命令来完成,那么不是正式传达的信息则较难被接收。

(三)文化障碍

人类的沟通要在一定的文化背景下进行,而文化也不能离开沟通而存在,沟通与文化密切相关,文化会促进或阻碍沟通。信息发送者和信息接收者之间的文化相似性有助于其沟通,文化的差异会产生人际沟通的障碍。不同文化的差异会通过自我意识、语言、穿着、饮食、时间意识、价值观、信仰、思维方式等方面表现出来。

例如,一般来说,西方国家比较注重个人的发展及成就,因此他们的沟通方式比较直接。而我国比较重视团队和谐,在工作时,人们不希望过分突出自己,更不愿意和同事或上级发生冲突。

三、克服组织沟通障碍的有效途径

(一)健全组织的沟通渠道,提高沟通效率

组织应设法缩短信息传递链,拓宽沟通渠道,保证信息的畅通和完整。

在正式沟通渠道方面,目前大多数企业的组织沟通还停留在指示、汇报和会议这些传统的沟通方式上,管理者与员工之间的沟通效果差。定期的领导会面和不定期的群众会谈是不错的沟通方式。领导会面是让那些有想法、有建议的员工直接与主管领导沟通;群众会谈则是管理者觉得有必要获得第一手关于员工真实思想、情感的信息,而又担心中间渠道会使信息失真而采取的一种管理者与员工直接沟通的方法。在非正式沟通渠道方面,企业采用的郊游、联谊会、聚餐等形式,都是非正式沟通的良好方式。这些渠道既能充分发挥非正式沟通的优点,又因为它们都属于一种有计划、有组织的活动,大大降低了信息失真的可能。

(二)塑造有利于沟通的组织文化

任何组织的沟通总是在一定背景下进行的,受到组织文化类型的影响,企业的精神文化直接决定着员工的行为特征、沟通方式、沟通风格。首先,塑造提供沟通机会的组织文化,鼓励所有员工去思考并表达出来,这样的文化要创造条件、创造机会、让人沟通。其次,需要营造平等、理解、信任的组织文化氛围。组织成员之间也应相互承认并尊重彼此的差异,促进彼此相互理解,在此前提下的人际沟通也会更有效地改善人际关系。所以,管理者应致力于营造一种民主的组织氛围,并适当地改善自己的领导风格和提高领导的水平。

(三)掌握沟通技巧

1.学会积极倾听

人际沟通始于聆听,终于回答。没有积极主动的倾听,也无法进行良好、有效的沟通。有研究者指出,一般人每天有70%的时间都在沟通。而每天用于沟通的时间中,45%用于倾听、30%用于交谈、16%用于阅读,9%用于书写。

沟通是双向的行为,要使沟通有效,双方都应当积极进行交流。当员工发表自己的见解时,管理者也应当认真倾听。积极地倾听要求管理者将自己转换为员工角色,以便理解他们所传达的意思。同时,应当客观地倾听而不是立即做判断。当管理者听到与自己的观点不同的信息时,不要急于发表意见,这样可以避免漏掉余下的信息,把自己的意见推迟到说话人说完之后再表达。

2.清楚的语言表达

使用一些易于被理解并且尽可能清楚的语句有利于实现有效沟通。专业术语或特殊词汇只有在双方都理解的基础之上才能被使用。管理者应根据员工的不同特点和差异,选择易于员工理解的词汇,应尽量避免冗长、专业的语句。同时要避免枯燥、乏味的语言表达,避免不必要的重复。

3.利用反馈技术,形成双向沟通

在促进信息沟通的有效方法中,信息反馈是重要的一种。信息反馈就是将信息沟通变成一种双向的信息流动。例如,信息发送者通过提问、讨论等方式来确定信息接收者是否真正了解信息。一般的反馈技术是观察接收者的神态、脸部的表情活动等。当然,这种反馈技术仅用于面对面的信息交流。对于信息发送者来说,最好的反馈技术是让信息接收者重述一遍所接收的信息。

4.选择合适的沟通气氛和时机

紧张、压抑和焦虑是实现有效沟通的障碍。当管理者试图与一位员工进行交流时,如果这位员工的情绪非常低落,那么双方最好推迟这次交谈,找一个彼此都感觉比较平静的时间再交谈。对于管理者来说,有个比较好的环境和氛围同样重要。双方可以确定一个时间,并根据谈话内容选择一个安静的场所,双方均能平静而不受干扰地探讨问题。

5.注意恰当地使用非语言进行沟通

在倾听他人的发言时,还应当注意通过非语言信号来表示对对方谈话的关注。当你听到他人讲话时，对方可能通过观察你的表情，判断你是否在认真倾听和是否真正理解。所以，与说话者进行目光交流可以使你集中精力，降低分心的可能性，并鼓励说话的人。如果员工认为管理者对其说的话很在意，其就乐意向管理者提供更多的信息；否则，员工有可能向管理者隐瞒知道的信息。另外，沟通时应展现恰当的面部表情。有效的倾听是倾听者将所听到的信息用自己的方式表达出来。例如，赞许性的点头、疑惑性的摇头等，这些非语言信号都是在表明倾听者是否在认真倾听和是否听得懂。要使沟通富有成效，管理者还必须注意肢体语言与所说的话的一致性。

【本章小结】

1.沟通的过程是为了实现一个设定的目标，在个人或群体间传递信息、思想和情感，并且达成共同协议的过程。

2.沟通必须具备的三个基本条件：信息发送者和信息接受者；信息内容；能够传递信息的渠道或方法。

3.沟通的过程主要涉及信息发送者、编码、信息的传递、信息接收者、解码、反馈、噪声七大要素。

4.沟通根据沟通渠道可划分为正式沟通与非正式沟通；根据媒介形式可划分为语言沟通和非语言沟通；根据信息反馈可划分为单向沟通和双向沟通。

5.克服组织沟通障碍的有效途径是建立健全组织的沟通渠道，提高沟通效率，塑造有利于沟通的组织文化，掌握沟通技巧。

6.掌握沟通技巧的方法有：与他人沟通时学会积极倾听；用直接清楚的语言表达自己本身的想法；利用反馈技术，形成双向沟通；选择合适的沟通氛围和时机；注意恰当地使用非语言沟通。

【课堂讨论】

1.怎么理解沟通及其功能？试着结合生活实例对沟通过程进行分析说明。

2.如果你是一场会议的主席，你将如何对待会议中的非正式群体？

3.试比较口头信息沟通和书面信息沟通的特点。

4.当你发现在与领导沟通的过程中存在障碍，你会怎么做？

【课堂游戏】

规则：

1.将图形画于纸上；

2.一位学生进行描述，其他学生背对图纸不能转身，进行30秒的思考；

3.描述第一张图时，台下学员只允许听，不许提问；（单向沟通）

4.描述第二张图时，学员可以发问；（双向沟通）

5.每次描述完，统计自认为答对的人数和实际答对的人数。

第九章　激　励

【学习目标】

1.知识目标:了解基本人性假设及其动机理论;理解与掌握激励的内涵;掌握马斯洛需求层次理论、赫茨伯格双因素理论、期望理论、公平理论和强化理论的基本原理。

2.能力目标:熟悉各种激励方法,能够分析企业员工的需要;能够根据激励理论制订合理、有效的激励措施。

3.情感态度目标:融入以人为本的管理学思想,树立"以民为本""以人为本""科学发展观"等理念。学会自我管理和自我激励。

【案例】

徽州渔翁

清江渔舟是徽州一道亮丽的风景线。岸边三户渔家各有一只小舟、数只鱼鹰。旅游团前去参观,导游介绍:这三家中一家致富,一家亏损,另一家最惨,鱼鹰都死了,只能停业。游客细问缘由,导游说:"原因就出于扎在鱼鹰脖子上的细铁丝上,致富的渔翁给鱼鹰箍铁丝圈不紧不松,不大不小,鱼鹰抓鱼时小鱼吞下,大鱼吐出;亏本的那家箍的圈过松、过大,本可卖钱的鱼也让鱼鹰吞了;而最惨的渔家自以为精明,把鱼鹰脖子扎得又紧又小,结果事与愿违,饿死鱼鹰,血本无归!"游客听罢,感叹不已。

第一节　激励的含义

激励(motivate)源于拉丁文"movere",意为采取行动,后西方学者不断深入研究,比较有影响力的定义有如下几种:

美国心理学家布雷尔森和斯坦尼尔认为,一切内心要争取的条件、希望、愿望、动力等都是对人的激励,它是人类活动的一种内心状态。

赫林格尔认为,激励是一种中介变量,它是无法直接观察的内在心理过程。

吉布森、伊万切维奇和唐纳利认为,激励是一种有导向性的程序,激励需要选择方向与目标。

德斯勒视激励为人们要去满足某种需要的反应。

我国管理学家苏东水先生认为，激励是激发人的动机，使人有一股内在动力，朝着所期望的目标前进的心理活动过程。激励的过程也可以说是调动积极性的过程。

还有学者认为，作为心理学术语，激励指的是激发人的动机的心理过程。

也有学者提出，激励是对人的积极性的调动，意在促使人们充分发挥潜能。作为行为控制的一种手段，激励的意义集中体现在对符合目的的预期行为的驱动及对不符合目的的行为的抑制。

激励是对人的一种刺激，是促进和改变人的行为的一种有效手段。激励的过程就是管理者引导并促进工作群体或个人产生有利于管理目标的行为。每一个人都需要激励，在一般情况下，激励表现为外界的一种推动力或者吸引力，其能转化为员工自身的动力，使组织的目标变为个人的行为目标。

我们可以从以下四个特点来理解“激励”这一概念。

①激励是人的一种内心状态。不同的人对同一激励环境的反应程度存在差异，良好的内心状态是激励应把握的关键点。

②激励必须有一定的要素支撑。激励所需的要素支撑可以是物质的也可以是精神的，可以是实体的也可以是情感的，亦可以兼而有之。

③激励的对象有内在需要。

④激励要有明确的目标。激励的目标表现为要符合激励主体的目标要求，个人目标应服从组织目标，处于从属地位。

第二节　激励的过程

一、激励的要素

1.需要

激励的实质就是影响人的某种需要从而达到引导人的行为的目的，它实际上是对人的行为的一个强化过程。需要是人的一种主观体验，是人在客观刺激的作用下对某种目标的渴求和欲望，是人们积极性的源泉，人一旦意识到自己的需要就会以动机的形式表现出来，从而驱使人实施行为，进而达到目标，动机越强烈，这种助推力就越强烈。人的需要有三个方面：一是生理状态的变化引起的需要，因饥饿对食物的需要等；二是外部因素诱发的需要，如对某种新款电子产品的需要等；三是心理活动引起的需要，如对高品质生活的追求等。

2.动机

动机是在需要的基础上产生的，但是需要不一定产生动机。当人产生的需要处于萌芽状态时，它以不明显、模糊的形式反映在人的意识中，这时人的需要就变成了一种意向的形式;当需要再次增强但没被满足的时候,心理上就会产生一种紧张和不安的感觉,这种紧张和不安就会成为一种内驱力,促使主体采取某种行动,向着目标前进。实际上一个人内心会有多种动机,这些动机不仅有强弱之分甚至会相互矛盾。一般来说,只有最强烈的动机才会引发行为,这种动机称为优势动机。

3.行为

行为是由动机决定的,动机来自需要。在组织中,任何一种行为都是有内在原因的,动机则通过三个方面影响着行为:一是始发功能,即行为产生的原动力;二是选择功能,即决定个体的行为方向;三是维持和协调,行为目标达成后,响应的动机就会被强化,行为就会持续或产生更强烈的行为,反之则降低行为的积极性或者停止行为。

4.外部刺激

这是激励的条件,是指在激励的过程中,人所处的外部环境中影响需要和动机的诸多因素,如各种管理环境和相对应的管理手段等。

二、激励的过程模式

1.激励过程的实质

激励是在外界刺激变量的作用下,内在需要和动机不断被强化,进而引起被管理者做出积极的行为反应。

2.激励的过程模型(图9-1)

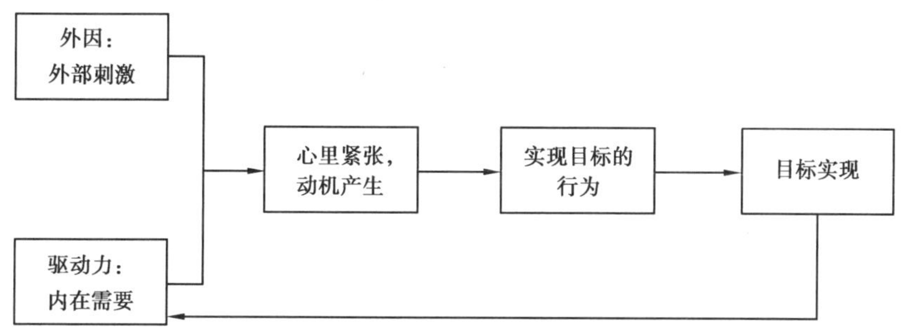

图9-1 激励的过程模型

三、需要、动机、行为和激励的关系

通过分析我们可以知道,人的任何动机和行为都是在需要的基础上建立的,没有需要,就没有动机和行为。人们产生某种需要后,只有当这种需要具有某种特定的目标时,才会产生动机,动机才会成为引发人们行为的直接原因。但并不是每个动机都必然产生某种行为,在多种动机下,只有优势动机才会引发人的某种行为。员工之所以产生组织所期望的行为,是因为组织根据员工的需要来设置某些目标,并通过目标导向使员工出现有利于实现组织目标的优势动机,同时按照组织所需要的方式行动。管理者要实施激励,即要想方设法做好需求引导和目标引导,强化员工动机,刺激员工的行为,从而实现组织目标。

第三节　激励的作用

1.激励有助于激发人的积极性

美国哈佛大学的威廉•詹姆士通过对员工进行激励后发现，人的动机如果未受到任何激励，那么在工作中仅能发挥其能力的20%~30%，如果受到充分而恰当的激励，其能力能够发挥80%~90%。由此，可以得出一个公式：工作绩效=能力×动机激发。

绩效=f(能力×积极性)

在明确了绩效的影响因素之后，为了提升人的绩效，就需要从能力、积极性入手，激励正是通过对积极性这一因素的影响来发挥作用的。在其他条件既定的情况下，人们工作绩效的高低取决于积极性的高低，而积极性的高低又取决于激励手段是否得到有效的实施。

2.激励有助于吸引人才

市场竞争日益激烈，企业应如何获得竞争优势。在当前情况下，能够吸引和留住人才的公司是相对具有发展前途的公司。这些公司的统一做法就是重视激励工作。从世界各国来看，美国特别重视运用"激励"吸引人才。为了吸引世界各国的人才，美国主要采用支付高报酬、创造良好的工作和生活条件等激励措施，这是美国在许多现代科学技术领域始终保持领先地位的重要原因之一。

3.激励有助于发挥人的潜能

人都是有潜能的，但是人的潜能的发挥存在较大问题。比如，很多人几十年如一日重复相同的工作，就无所谓激发潜能了。但是，激励可以激发人的潜能，帮助人释放潜能，使个人为组织发展作出更大的贡献。

4.有助于弥补物质管理资源的不足

对于一个组织来说，物质资源是必需的，人力资源也是必需的。管理需要一定的资金和必要的物质条件，如衣、食、住、行等生活资料，学校、工厂等物质设施，生产工具以及知识、信息等人力资源的物质载体等。没有这些，人力资源管理就不可能取得积极成果。但与人力资源管理发展的规模和速度相比，这些物质资源总存在某种不足。克服这一矛盾，固然需要增加物质投入，但提高激励水平、调动人的积极性，则可以弥补物质条件的不足和困难，从而达到提高人力资源质量的预期效果。

在物质资源匮乏的情况下，组织可以通过调动人的积极性和增加人的责任感来弥补物质资源的不足。例如，很多企业在创业初期往往发不起工资，更不用谈奖金了，但是创业者个人会在远大目标的激励下采取实际行动，促进企业的发展，创业者的这种行为也会影响其他人员，从而激励着他们共同努力。

第四节 激励理论

一、内容型激励理论

内容型激励理论主要是研究激励的原因和产生激励作用的因素。最具代表性的内容型激励理论有：马斯洛的需求层次理论、阿尔德弗的ERG理论、赫茨伯格的双因素理论和麦克利兰的成就需求理论。

(一)需求层次理论

美国心理学家亚伯拉罕•马斯洛在1943年出版的《人类激励的一种理论》一书中首次提出了"需求层次"理论，1954年其在《激励与个性》一书中又对该理论做了进一步阐述，他将人的需求划分为五个层次：生理需求、安全需求、社交需求、尊重需求、自我实现需求，如图9-2所示。

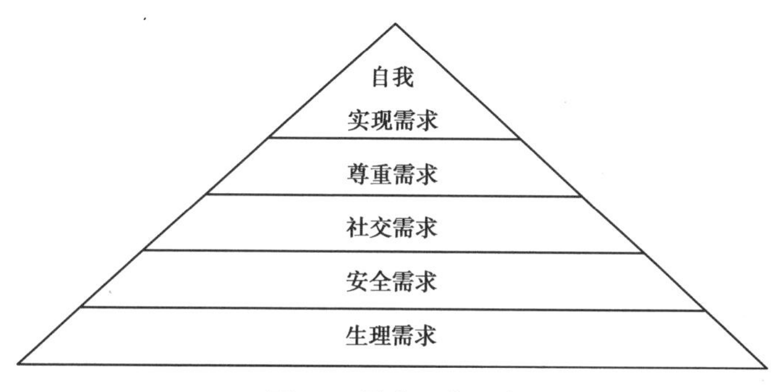

图9-2 需求层次理论

1.生理需求

生理需求是人类为了维持其生命的最基本的需要，也是需要层次的基础，比如衣食住行等，如果这类要求得不到满足，人类的生存就成了问题。从这个意义上来讲，这些基本的物质条件是人们行为强大的动力。马斯洛认为，当这些需要还未达到足以维持人们的生命时，其他需求将不能激励他们。一般来说，生理需要的满足都与金钱有关。

2.安全需求

当一个人的生理需求得到一定满足后，其安全需求就需要被满足，即当生理需要得到了一定程度的满足之后，人们最需要的是周围环境不存在威胁生存的因素，需要生活环境具有一定的稳定性、有一定的法律秩序。

3.社交需求

当生理及安全需求相对得到满足后，社交需求便占据主导地位，因为人类是有感情的动物，其希望与别人进行交往，避免孤独，希望与伙伴和同事和睦相处。其希望归属于一个团体以得到关心、爱护、支持、友谊。

4.尊重需求

当一个人的社交需求得到满足，其通常不仅是要做群体中的一员，而且会产生被尊重的需求，即希望别人尊重自己的人格和劳动成果，对自己的工作、人品、能力和才干给予公正的评价，希望自己在同事间有较高的地位、声誉和威望，从而得到别人的尊重并发挥一定的影响力。

5.自我实现需求

马斯洛认为自我实现需求最高层次的需求，当尊重的需求得到满足后，自我实现的需求就成为第一需要。自我实现的需求就是要实现个人的理想和抱负、最大限度地发挥个人潜力并获得成就，实现自我价值。这是一种希望能成就独特性的自我欲望，希望能实现本人所希望的成就的欲望。这种需求往往是通过胜任感和成就感来获得满足的。

需要层次理论的基本点：

①人是有需求的动物，已经满足的需求不起激励作用，因而不再是激励因素，只有尚未满足的需求能够影响行为。

②五种需求像阶梯一样从低到高，逐层上升。一个层次的需求被满足了，其就会向高一层发展。

③多数人的需求结构是很复杂的，每一时刻会同时有许多需求影响人们的行动，而不是单一的需求支配着人们的行为。

④各层次的需求相互依赖、相互重叠，任何一种需求并不因低一个层次需求的发展而消失。高层次的需求产生后，低层次的需求仍然存在，只是对行为的影响就减轻了。

⑤人的需求有高低层次，一般情况下，只有在低层次的需求得到满足后，才有足够的动力去追求高层次的需求。

⑥一般来说，满足较低层次需求的途径少，而满足较高层次需求的途径多。

⑦五种需求不可能完全被满足，越向高层次需求，其被满足的概率就越小。

(二)ERG理论

美国心理学家克雷顿·奥尔德弗对马斯洛的需求层次理论进行了修正，认为人的需求主要有三种：生存需求，包括心理与安全的需求；关系需求，包括有道义的社会人际关系；成长需求，包括人类潜能的发展、自尊和自我实现。由于这三个词的用英文首字母分别是E、R、G，因此该理论又被称为ERG理论。

奥尔德弗认为，哪一个层次的需求相对未被满足，人们就越希望这种需求被满足；较低层次的需求满足需求，人们就渴望较高层次的需求被满足，但是如果在追求较高层次需求时受到挫折，且该需求得不到满足，人们的需求就会降至较低层次，重新追求低层次需求的满足。据此，阿尔德弗提出，在满足需求的过程中既存在需求层次理论提到的“满足—上升”趋势，也存在“撞折—倒退”趋势。此外，他还指出，人们所有的需求并不都是天生就有的，有些需求是经过后天学习和培养产生的，尤其是较高层次的需求。

虽然ERG理论假定激励行为按照类似于马斯洛需求层次理论中的需求层次的上升不断增强，但是两者有重要区别。首先，ERG理论认为可以同时有两种或两种以上需求占主导地位。例如,人们可以同时被对金钱的欲望(生存需求)、友情(关系需求)和学习新技能的机会(成长)所激励。其次,ERG理论有“挫折—倒退”的机制。如果需求迟迟不能得到满足,个体会产生挫折感,其需求会退回到较低层次,并对较低层次的需求有更强烈的欲望。例如,以前由金钱(生存需求)激励的员工可能获得过一次加薪的机会,从而满足了其在这一方面的需求。假设其接下来试图建立与他人建立友谊关系,以满足关系需求。如果某些原因其发现不可能同工作中的同事成为好朋友,其可能遭受挫折并且退缩,进而去争取更多的金钱来满足自己的生存需求。

根据马斯洛与奥尔德弗的理论,在人力资源管理过程中,为了调动员工的工作积极性和主动性,管理者必须首先了解员工的哪些需求没有被满足,以及员工最希望被满足的基本需求,然后针对性地满足员工的这些需求,这样才能最大限度地激发员工的动机,发挥激励的作用。

(三)双因素理论

双因素理论又称激励保健因素理论,是美国行为科学家弗雷德里克•赫茨伯格提出的一种激励理论。20世纪50年代末,赫茨伯格及其同事对匹兹堡地区9家工业企业的200多位工程师和会计师进行了访谈,访谈主要围绕两个问题:在工作中,哪些事项是让他们感到满意的,并估计这种积极情绪持续的时间;哪些事项是让他们感到不满意的,并估计这种消极情绪持续的时间。赫茨伯格以对这些问题的回答为材料,着手研究哪些事情使人们在工作中得到快乐和满足,哪些事情使人在工作中不愉快和不满足,在此基础上,他提出了双因素理论。

调查结果表明,使员工感到满意的因素往往与工作本身或工作内容有关,赫茨伯格将其称为“激励因素”,包括成就、认可、工作本身、责任、晋升、成长六个方面,见表9-1;使员工感到不满意的因素则大多与工作环境和工作条件有关,赫茨伯格将其称为“保健因产”,主要体现在公司的政策和管理、监督、与主管的关系、工作条件、薪酬、与同事的关系、个人生活、与下属的关系、地位、安全感等方面。

表9-1 保健因素与激励因素

保健因素	激励因素	保健因素	激励因素
金钱	成长的可能性	工作环境	责任
监督	赏识	政策	成就
地位	进步	人际关系	工作的意义

保健因素的满足对员工产生的激励作用类似于卫生保健对身体健康所起的作用。保健从人的环境中消除有害健康的事物,它不能直接提高健康水平,但有预防疾病的效果;它不是治疗性的,而是预防性的。这些因素“恶化”到人们自身可以无法接受,其就会感到不满意。但是,当人们认为这些因素很好时,它只是消除了我们的不满意,并不会让我们产生积极的态度,这就出现了一种既没有满意也没有不满意的中性状态。根据赫茨伯格的观点,管

理者应该认识到保健因素是必需的，但只有激励因素才能使人们努力工作，有更好的工作绩效。也就是说，激励因素会让人产生感到满意，不会让人感到不满意。保健因素与激励因素是彼此独立的。

据此，赫茨伯格针对传统的工作满意和不满意，提出了自己的看法。传统的观点认为，“满意”的对立面就是“不满意”，因此消除了“不满意”就会产生“满意”；赫茨伯格则认为，“满意”的对立面是“没有满意”，“不满意”的对立面是“没有不满意”，消除“不满意”只会产生“没有不满意”，并不能产生“满意”。

赫茨伯格的双因素理论对人力资源管理的指导意义在于，促使管理者注意工作内容的重要性。促使管理者在激励员工时区分激励因素和保健因素，而在保健因素不能无限制地被满足时，这样做并不能激发他们的动机，调动他们的积极性，其应当更多地从激励因素入手，满足员工在这方面的需求，这样才能使员工更加积极主动。也就是说，物质需求的满足是必要的，没有它就会导致不满意，但是它的作用也是有限的、不持久的。要调动人的积极性，不仅要注意物质利益和工作条件等外部因素，更重要的是要注意工作安排，量才适用，各得其所，注重给予人以成长、晋升的机会。此外，在人力资源管理过程中要采取有效的措施，将保健因素尽可能地化为激励因素，从而扩大激励的范围，例如工资，其本来属于保健因素，如果将工资与员工的绩效挂钩，使工资水平成为工作好坏的一种反映，那么它在一定程度上变为与工作本身相关的激励因素，这样就使工资因素发挥更大的作用。

（四）成就需求理论

美国心理学家大卫·麦克利兰等人自20世纪50年代开始，经过大量的调查和实验，尤其是对企业家等人才的激励进行了广泛的研究之后，提出了成就需求理论。由于被研究者的生存条件和物质需求相对被满足，因此麦克利兰的研究主要集中于人们的生理需求得到满足的前提下，还有哪些需求，他的结论是权力需求需要被满足、归属需求和成就需求。

①权力需求，就是对他人施加影响和控制他人的欲望，相比归属需求和成就需求，权力需求往往是管理者取得成功的关键。

②归属需求，就是与别人建立良好的人际关系，需要别人接纳自己或建立与他人建立友谊关系的需求，这种需求是保持社会交往和维持人际关系的重要条件之一。

③成就需求，就是人们实现具有挑战性的目标和追求事业成功的愿望。

麦克利兰认为，不同的人对上述三种需求的排列层次和所占比重是不同的；成就需求强烈的人往往拥有这样的内在工作动机，这种人对于企业、组织和国家有着重要的作用，一个组织拥有这种人越多，发展就越快。麦克利兰认为成就需求不是天生就有的，通过教育和培训可以造就高成就需求者。

麦克利兰对高成就需求者的研究，对于组织的管理尤其是企业的管理有很重要的意义。首先，高成就需求者喜欢能独立负责、可以获得信息反馈的工作环境，他们会从这种环境中获得较大的激励。麦克利兰发现，在小企业的经理人员和在企业中独立负责一个部门的管理者中，有高成就需求的人往往会取得成功。其次，在大型企业和其他组织中，高成就需求者并不一定是一个优秀的管理者，原因是高成就需求者往往只对自己的工作绩效感兴趣，并不关心如何帮助他人做好工作。再次,归属需求与权力需求和管理的成功密切相关。麦克利兰发现,最优秀的管理者往往是权力需求高而归属需求低的人。如果一个大企业的经理的权力需求与责任感和自我控制相结合,那么该经理很可能会获得成功。最后,可以通过对员工进行训练让其产生成就感。如果某项工作需要高成就需求者,那么管理者可以通过直接选拔的方式找到一个高成就需求者,或者培养自己的下属。

麦克利兰的动机需求理论对管理者来说具有非常重要的指导意义。首先,在人员的选拔和安置上,通过确定一个人需求体系的特征对分派工作和安排职位的重要意义。其次,由于具有不同需求的人需要被不同的激励方式激励,了解员工的需求与动机有利于合理地建立激励机制。最后,麦克利兰认为动机是可以培养和激发的,进而可以提高员工的成就感。在进行人力资源管理时,管理者应当充分发掘和培养员工的成就感,为员工安排具有一定挑战性的工作和任务,从而激发员工的内在工作动机。

二、过程型激励理论

过程型激励理论关注激励是如何发生的。过程型激励理论并不试图去弄清楚有哪些激励因素,而是关注为什么人们选择特定的行为来满足其需求;为了激励员工,管理者在激励过程中应该如何做。具有代表性的过程激励理论有期望理论与公平理论。

1.期望理论

有很多学者对期望理论进行了研究,其中以美国心理学家维克多·弗鲁姆于1964年在《工作与激励》一书中提出的理论最具代表性。弗鲁达姆认为,人之所以有动力去从事某项工作并达成目标,是因为这项工作与组织目标的达成反过来会帮助他们达成自己的目标,满足自己某些方面的需求。因此,激励的效果取决于效价和期望值两个因素,即:

激励力(Motivation)=效价(Valence)×期望值(Expectance)

其中,激励力表示人们受到激励的程度;效价指人们对某一行动所产生结果的主观评价,取值范围在-1~+1,结果对个人越重要,效价值就越接近+1;如果结果对个人无关紧要,效价值就接近0;如果结果是个人不愿意让其出现而尽力避免的,效价值就接近-1。期望值是指人们对某一行动导致某一结果的可能性估计,它的取值范围是0~1。由公式可以看出,只有当人们把某结果的价值看得越大,估计结果实现的概率就越大,结果的激励作用才会越大;当效价和期望值中有一个为零时,激励就会失去作用。根据以上公式,只有当效价与期望值都较高时,才会产生比较大的激励作用。因此,当人们预期某行为(个人努力)能够完成任务(个人绩效),而任务完成后能够得到组织的奖励,且组织奖励有助于个人目标实现时,个体就会有动力去实施这一行为。也就是说,个体是否有动力取决于三组关系:第一组是个人努力和个人绩效之间的关系;第二组是个人绩效和组织奖励之间的关系;第三组是组织奖励和个人目标之间的关系。这三组关系中任何一个变弱,都会影响整个激励的效果。

按照期望理论的观点,人力资源管理要达到激励员工的目的,必须对绩效管理系统和薪酬管理系统进行相应改善。在绩效管理中,给员工制订的绩效目标要切实可行,必须是员工经过努力能够实现的;要及时跟进员工,帮助员工实现目标;同时,要能对员工的绩效

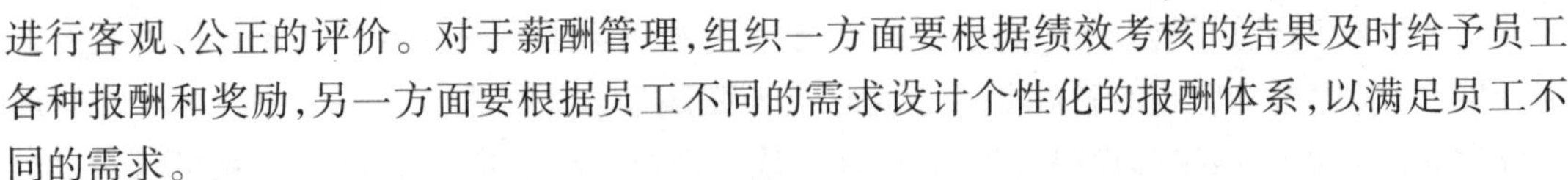

进行客观、公正的评价。对于薪酬管理,组织一方面要根据绩效考核的结果及时给予员工各种报酬和奖励,另一方面要根据员工不同的需求设计个性化的报酬体系,以满足员工不同的需求。

2.公平理论

公平理论是美国心理学家约翰·亚当斯于1956年从人的认知角度出发提出的一种激励理论,这一理论以社会比较理论为基础,研究个人所作出的贡献和所得到的报酬与他人(或自己)比较之后的结果,及其对员工积极性的影响。亚当斯认为,员工的工作积极性不仅受到绝对报酬的影响,还受到相对报酬的影响,当个人取得报酬后,其不仅关心自己收入的绝对值,还关心自己收入的相对值,也就是说每个人都会自觉或不自觉地把自己获得的报酬与投入的比与他人或自己过去的报酬和投入比进行比较。

其中,O(Outcom)代表报酬,包括内在报酬和外在报酬,如工资、奖金、提升;I(Input)代表投入,如工作的数量和质量、技术水平、努力程度、时间、精力;A代表自己;B代表参照系,一般是与自己情况大致相当的同事、同行、邻居、朋友等,也可以是过去的自己。与他人的比较称为社会比较或横向比较,与自己的比较称为纵向比较。

比较的结果会有三种:当OA/IA=OB/IB时,人们会觉得报酬是公平的,会保持原有的工作投入;当OA/IA>OB/IB或OA/IA<OB/IB时,人们往往感到不平衡,会产生紧张情绪,产生动机,会采取多种方法消除这种不平衡,寻求自己感觉的公平和合理。人们通常采取如下六种方法来减少不公平感:改变投入;改变报酬;改变对自己投入和报酬的知觉;改变对他人投入或报酬的看法;改变参照系;选择离开。

公平理论对管理的意义是显而易见的。首先,影响激励效果的不仅有报酬的绝对值,也有报酬的相对值。其次,激励时应力求公平,即使有主观判断的误差,也不会产生严重的不公平感。再次,在激励过程中应注意对被激励者公平心理的引导,使其树立正确的公平观:一是要认识到绝对的公平是不存在的;二是不要盲目攀比;三是不要按酬付劳。在薪酬管理方面,就是实施具有公平性的报酬体系,这种公平性体现在内部公平、外部公平和自我公平三个方面,要使员工感到自己的付出得到了相应回报,避免员工产生不满情绪。为了保证薪酬体系的公平合理,要从两个方面入手:一是薪酬体系的设计,例如采用薪酬调查、职位评价等技术来保证公平;二是薪酬的支付要与绩效考核挂钩,"多劳多得,少劳少得",这就从另一个角度对绩效考核体系的公平性提出要求。早期的公平理论主要关注分配公平(Distributive Justice)或者结果公平,也就说员工对所得到的结果的公平性的知觉。近年来,程序公平(Procedural Justice)受到了极大关注。程序公平是指员工对用来确定结果的程序和方法的公平性的知觉。

莱文瑟尔提出了判断程序是否公平的六条规则:①一致性规则,对不同人员或在不同时间应该保持一致;②避免偏见规则,应该摒弃决策者个人的私利和偏见;③准确性规则,应该依据正确的信息;④可修正规则,有修正的机会及修改错误结果的申诉程序;⑤代表性规则,所有相关人员有发言的机会,并能代表所有相关人员的利益;⑥道德与伦理规则,必须符合一般能够接受的道德与伦理标准。企业在制订人力资源管理制度、政策与措施时,以及日常管理过程中,可以以莱文瑟尔提出的规则为准绳,如果符合这些规则,从程序上来说其就是公平的:如果不符合这些规则,企业就有必要根据具体情况做出调整。

三、行为改造型激励理论

行为改造型激励理论主要研究如何改造和转变人的行为,变消极为积极,以期达到预定的目标。代表性的行为改造型激励理论有目标设置理论与强化理论。

1. 目标设置理论

目标设置理论是美国马里兰大学心理学教授埃德温·洛克于1968年提出的,他和同事经过大量研究发现,激励作用大多是通过设置目标来实现的,目标具有引导员工工作方向和影响员工努力程度的作用,因此应当重视目标的作用,洛克提出了目标设置理论的一个基本模式。

激励的效果主要取决于目标的明确度和目标的难度。目标的明确度是指目标被准确衡量的程度,目标的难度则是指实现目标的难易程度。洛克的研究表明,就激励的效果来说,有目标的任务比没有目标的任务要好;有具体目标的任务比只有笼统目标的任务要好;有一定难度但经过努力能够实现的任务比没有难度或者难度过大的任务要好。当然,目标设置理论发挥作用还必须有一个前提,那就是员工必须认可并接受这一目标。

相比公平理论,目标设置理论对人力资源管理的意义更多地体现在绩效管理方面,按照目标设置理论的要求,在制订员工的绩效目标时要注意以下几个问题:一是目标必须要具体明确;二是目标要有一定的难度;三是制订目标时要让员工一起参与,使员工能够认同和接受这一目标。

2. 强化理论

伯尔赫斯·弗雷德里克·斯金纳以巴甫洛夫的条件反射论、华生的行为主义和桑代克的尝试错误学习理论为基础,经过大量研究,于1938年在《有机体的行为》一书中提出强化理论。所谓强化,从基本的形式来说是对一种行为的肯定或否定的后果(报酬或惩罚),它至少在一定程度上决定这种行为在今后会重复发生。这一理论特别重视环境对行为的影响作用,认为人的行为只是对外部环境刺激所做出的反应,当行为的结果对自己有利时,这种行为就会被加强或重复出现;当行为的结果对自己不利时,这种行为就会减弱或停止。因此按照强化理论,只要控制行为的后果,就可以达到控制和改变人们行为的目的。斯金纳认为,可以通过四种方式改变行为。

①正强化(Positive Reinforcement),指在某种行为发生以后,立即用物质的或精神的奖励肯定这种行为,利用这种刺激使人感到这种行为是有利的或符合期望的,从而增加这种行为发生的概率。

②负强化(Negative Reinforcement)也称规避(Avoidance),是指通过撤销负面结果让个体保持某种行为,或者预先告知人们某种不符合要求的行为可能引发的后果,从而使人们为了避免不良后果而不出现这种行为。负强化同正强化的目的一样,只不过两者采取的手段不同。

③惩罚(Punishment),是指当某种不符合要求的行为发生后,通过相应的惩罚对这种行为进行刺激,表示对这种行为的否定,从而减少或阻止这种行为的发生。惩罚虽然能够阻止

某一符合要求的行为的发生，但却不能鼓励任何一种合乎要求行为的出现，而且惩罚往往会引起员工的抵触、厌恶情绪。

④撤销(Extinction)，指撤销某一行为原来存在的正强化作用，使行为发生的概率逐渐降低，直到最终消失。

第五节　激励方式与手段

有效的激励必须通过适当的激励方式与手段来实现。按照激励中诱因的内容和性质，激励的方式与手段大致划分为三种：物质利益激励、社会心理激励和工作激励。

一、物质利益激励

物质利益激励是指以物质利益为诱因，通过调节被管理者物质利益来刺激其物质需要，以激发其动机的方式与手段。物质利益激励主要包括以下具体形式。

1. 奖酬激励

奖酬包括工资、奖金、各种形式的津贴及实物奖励等。设计奖酬机制与体系的原则有：

①要为实现工作目标服务。关键是奖酬与贡献直接挂钩的科学化与定量化。管理者必须善于将奖酬的重点放在管理者关注的重点上。

②要确定适当的刺激量。奖酬激励的作用主要取决于相对刺激量。要依工作完成情况、个人的贡献、总体奖酬水平，公平合理地确定奖酬的增长水平和成员之间的差别。

③奖酬要同思想工作有机结合。

2. 关心照顾

管理者在生活上要对企业员工给予关心，不但让企业员工获得物质上和帮助，而且让其能获得尊重感和归属感。

3. 处罚

处罚是负强化，属于一种特殊形式的激励。运用这种方式时要注意：处罚必须有可靠的事实和政策依据；方式与刺激量要适当；要同深入的思想工作结合，注意疏导。

二、社会心理激励

社会心理激励是指，管理者运用各种社会心理学方法，刺激被管理者的社会心理需要，以激发其动机的方式与手段。这类激励方式是以人的社会心理因素作为激励的诱因。社会心理激励主要包括以下具体形式。

1. 目标激励

这是指以目标为诱因，通过设置先进合理的目标，激发员工动机，调动员工的积极性。目标激励的目标主要包括：工作目标、个人成长目标和个人生活目标。

2. 参与激励

以让员工参与管理为诱因，调动员工的积极性和创造性。

3.竞赛(竞争)激励

人们普遍存在争强好胜的心理,这是由人谋求自我价值、重视自我实现需要所决定的。在竞争激烈的现代社会,企业在内部管理中引入竞争机制是极为有效的一种激励手段。

4.感情激励

以感情作为激励的诱因,调动组织员工的积极性。

5.尊重激励

管理者应利用各种机会信任、鼓励、支持员工,努力满足员工被尊重的需要。

6.榜样激励

"榜样的力量是无穷的",管理者应用先进典型来激发员工的积极性。榜样激励主要包括先进典型的榜样激励、管理者自身的模范作用。

7.政治教育

管理者要有意识地用向员工灌输先进的思想与观念,全面提高员工的思想政治素质,特别要注重爱国主义精神、奉献精神、团队精神的培养。这种政治教育的激励在今天仍具有巨大威力。

8.思想工作

人的行为是由思想动机决定的。因此,做思想工作是组织中极为重要的激励手段,企业特别要注意各种沟通手段的运用。

9.表扬与批评

表扬与批评既可以看作指挥手段也可以看作激励形式。应用表扬与批评手段时主要应注意以下几点:

①坚持以表扬为主,批评为辅;

②必须以事实为依据;

③要讲究表扬与批评的方式、时机、地点,注重实际效果;

④批评要对事不对人;

⑤要尽量减少批评的次数;

⑥批评与表扬要适当结合。

三、工作激励

按照赫茨伯格的双因素理论,最有效的激励因素源自工作本身,即对自己的工作满意是最有效的激励。因此,管理者必须善于调整和调动各种工作因素,科学地进行工作设计,使员工满意自己的工作。要提升员工对自己工作的兴趣与满足感,以实现激励的有效性。实践中的工作激励主要表现为以下几个方面:

1.工作适应性

工作的性质和特点与从事工作的人员的条件与特长相吻合,激发其工作兴趣,使员工对工作高度满意。

2.工作的意义与工作的挑战性

员工愿意从事重要的工作,并愿意接受具有挑战性的工作,这反映了人们追求自我价值、渴望获得别人尊重的需要。

3. 工作的完整性

人们愿意在实践中系统地完成工作，从而获得一种强烈的成就感。管理者应使每位员工都能承担一份较为系统的工作，为他们创造获得成就的条件与机会。

4. 工作的自主性

人们出于尊重和自我实现的需要，期望独立自主地完成工作，不愿意在别人的指使下工作。因此管理者要明确目标与任务，然后大胆授权，让员工进行独立操作，使其获得较多的激励。

5. 工作的扩大化

应开展组织工作设计研究，避免工作的单调乏味，提升工作的丰富性、趣味性。管理者应注意增加工作的种类，探索工作延伸、工作轮换的方法。

6. 工作的丰富化

让企业员工参与一些具有较高技术含量或管理含量的工作，提高其工作层次，从而使其获得成就感，让其尊重需求得到满足。工作的丰富化包括将部分管理工作分配给员工，让员工参与决策和计划，对员工进行业务培训，让员工承担一些有较高技术含量的工作。

7. 及时获得工作成果反馈

管理者在工作过程中应注意及时测量并评定、公布员工的工作成果，尽可能早地让员工得到信息反馈。员工及时获得工作成果，会有效地激发其工作积极性，其进而会努力工作。

第十章 领 导

【学习目标】

1.知识目标：理解领导内涵，掌握领导与管理在各方面的联系与区别；掌握领导影响力的来源，掌握领导特质理论、行为理论、权变理论的主要观点及内容。

2.能力目标：能够在实践中应用领导理论。

3.情感态度目标：在教授专业理论知识的同时，让学生了解中华优秀传统文化在现代管理学中的应用、中国企业家带领企业走出去所体现的企业家精神、改革开放四十多年来中国企业的蜕变，增强学生的民族自豪感、自信心和责任感。

第一节 领导与领导者的影响力

一、领导的概念

根据管理学的解释，领导是指运用权力指挥、带领、引导和影响员工为实现组织和群体目标而积极行动和努力工作的过程，是在一定的社会组织和群体内，为实现组织预定目标，领导者运用其法定权力和自身影响力影响被领导者的行为，并将其导向组织目标的过程。

领导是指领导者对员工施加影响以完成他们的目标和任务的过程，它与管理具有一定的区别。领导理论的发展经历了特质理论、行为理论和权变理论三个阶段。领导的有效性受制于某些因素（如心态、道德、信任、情景），因此，针对这些因素对领导者进行相应的知识、心态和行为培训也就存在可能性。

保罗·赫塞和奥利弗·布兰查德认为，领导是一个在特定情境中通过影响个体或群体的行为来努力实现目标的过程。

领导包括如下四个方面的内容：

①领导是领导者对员工施加影响的过程；

②领导作为一种组织行为，指向组织目标和任务；

③领导作为组织导向行为，具备引导组织发展的作用，体现在制订目标、制订规范和用人等方面；

④领导是领导者对员工进行激励和鼓舞的一种行为。

管理与领导的关系如图10-1所示。

图10-1　管理与领导的关系

二、领导与管理的区别

"把梯子正确地靠在墙上是管理者的职责，领导者的作用在于保证梯子靠在正确的墙上"。

领导有很多定义，但它们都围绕几个关键因素展开：人（领导者和被领导者）、影响及目标。赫塞和布兰查德认为，领导是一个在特定情境中，通过影响个体或群体的行为来努力实现目标的过程。

管理也需要协调他人的工作以达到组织目标，那么如何区分领导与管理？通常认为领导和管理主要具有以下差异：

①两者的职能范围不同。从管理过程理论来看，领导是管理的一个部分，管理除了领导职能，还包含决策、组织和控制职能。从一般意义上讲，管理的范围要大一些，而领导的范围要相对小一些。

②两者的权力来源不同。领导在组织中的作用表现在为组织活动指明方向、设置目标、创造态势、开拓局面等方面，其权力源于所在职位，即组织结构的权力，也可以源于个人，如专家的权威性或个人的魅力等。管理是为组织活动选择方法、建立秩序，维持活动运转。

③两者的主要功能不同。管理的主要功能是解决组织运行的效率，而领导的主要功能是解决组织活动的效果。效率涉及活动的方式，而效果涉及活动的结果。

领导与管理的对比见表10-1。

表10-1　领导与管理的对比

类型	产生方式	所处理的问题	主要行为	影响员工的方式	思维特点	目标
领导	正式任命，或从群众中自发产生	变化、变革问题	开发愿景、说服、激励和鼓舞、制订目标和规范、用人	正式权威或非正式权威	直觉、移情、冒险、独处、创造	变革、程序或目标，制订战略目标
管理	正式任命	复杂、日常问题	计划、监督、员工雇用、评价、物资分配	正式权威	理性、规范、合作、安全、程序	稳定组织秩序，维持组织高效运转

【案例】

1. 一个组织里，只有领导者没有管理者，会怎么样？

有一天动物园的袋鼠从笼子里跑出来了，于是领导开会讨论，强调一定要加强管理。会后，管理员决定将笼子的高度由原来的十公尺加高到二十公尺。结果第二天他们发现袋鼠还是跑了出去，所以他们决定再将高度加高到三十公尺。没想到第三天居然又看到袋鼠全跑了出去，于是管理员们十分紧张，决定一不做二不休，将笼子的高度加高到一百公尺。

长颈鹿于是和袋鼠们说："你们看，这些人会不会再继续加高你们的笼子？"袋鼠说："很难说，如果他们再继续忘记关笼子的门的话。"

所以说，在一个组织中，管理者针对复杂的问题，要制订计划、规划的组织结构及监督计划实施的过程，从而达到组织运转的有序化和稳定化。管理者进入队伍工作，是为了工作正常而顺利地开展，通过把握工作过程，将相关情况向上级汇报，并提出合理方案，力保革新的顺利进行。如果没有一个好的管理者，领导者下达的命令就贯彻不到位，这会影响组织的发展。

2. 一个组织中只有管理者没有领导者又会怎么样？

《战国策》中有一段关于南辕北辙故事的记载，故事内容是这样的：魏王想攻打赵国，季梁劝他说："我在太行山下遇到一个向北走却要去楚国的人，我问他，你去楚国，为什么向北走？他却回答我说他的马跑得很快。我说马好，可是路走反了？他又回答说他盘缠带得多。这位车夫驾车技术非常高超，但是他这样走下去，只会离楚国越来越远。现在，大王想称霸，你越是这样想，离称霸的目的就越远，和那个想到楚国去而往北走的人一样。"魏王听了之后觉得很有道理，最后终于放弃攻打赵国的念头。

从上述的故事我们可以看出，这个车夫技术高超，或许其具有管理才能，但他却南辕北辙，方向走错了，也就是说管理水平再高，领导的方向出错，也不能实现组织的目标，因为他是做不正确的事。

领导者在队伍前面示范，有足够的远见和胸怀。新的理念、新的制度、新的愿景是由领导者引进、规划与制订的，没有一个好的领导者，组织中的成员会感到迷茫，找不到努力的方向。

3. 以海尔集团为例，张瑞敏就是公司的领导者，而海尔集团各部门经理就是公司的管理者。张瑞敏的工作是勾勒公司远景，拟定公司的策略，各部门经理则是策略执行者。在海尔集团发展的过程中，其"从无到有"的责任属于张瑞敏，而把既有的做大则属于各部门经理的工作。

这两种工作的差异，其实是本质上的不同，而非程度上的差异。因此，一个好的管理者未必能够胜任领导者的工作，反之，一个好的领导者也未必能够胜任管理者的工作。

4. 总结

只有领导而无管理，领导的意图和目的往往难以实现；同样，如果只有管理而无领导，组织的方向就会跑偏。其实任何团体、组织甚至国家，都必须既有领导又有管理。领导者是组织的拉动者或牵引者，他为组织指定方向，引导组织朝正确的方向前进，而管理者应该是组织的推动者，他规范组织的各项活动，使组织回避风险，提高组织运行的效率，推动组织按既定的目标前进。

三、领导者的影响力

1.领导者是指实施领导过程的人

领导者的影响力即领导者影响下属接受目标或命令，自愿服从或强制服从命令的力量

①职位性影响力（与领导者的正式职位所赋予的权力相关）；

②非职位性影响力（与个人的品德、才智、经验、领导能力和过去的业绩相关）。

2.领导权力的来源

①法定性权力：被法定的、公认的特定职位和角色的正式权力。文化价值观、接受社会结构和合法化的任命是法定权力的三个基础。在组织结构中，由所处的工作职位（高层、中层、低层）而获得的权力就是法定性的权力。员工一旦被正式任命，就具有了相应的法定性权力。

②奖赏性权力：其与“惩罚性权力”相对立。奖赏性权力是通过奖励的方式来吸引下属，这种奖励包括金钱奖励、职位晋升、学习的机会等，让人们愿意服从领导者的指挥。

③惩罚性权力：其与“奖赏性权力”相对立，即剥夺他人有价值的东西或给他造成不良影响的权力。

④感召性权力：其是由于领导者拥有吸引别人的个性、品德、作风而被人们认同、赞赏、钦佩、羡慕，进而自愿追随和服从他。

⑤专长性权力：其是指来源于专长、技能和知识的一种权力。

权力的类别如图10-2。

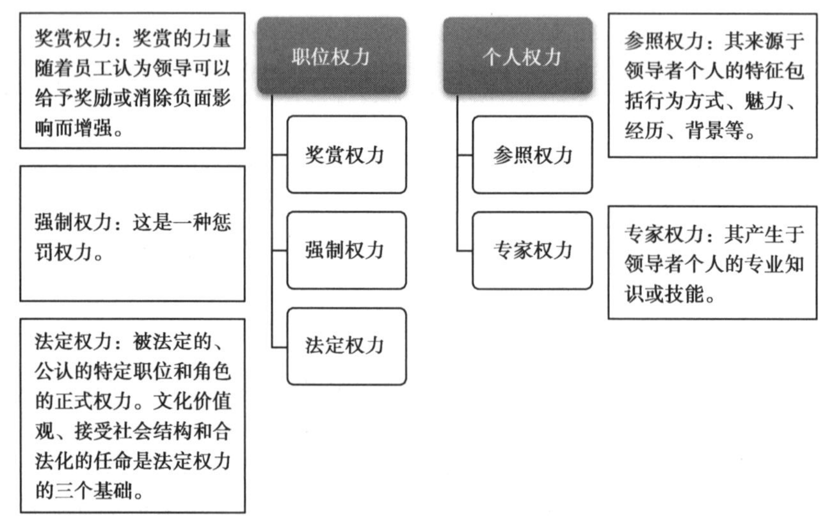

图10-2　权力的类别

第二节　领导与领导者

一、经典领导者理论

经典领导者理论如图10-3所示，本节主要介绍领导者特质理论和领导者行为理论。。

1.领导者特质理论

(1)领导者特质理论的代表人物和关键词

托马斯·卡莱尔："伟大人物"假设；成功的领导是基于领导者个人特质形成的。

拉尔夫·斯托格迪尔：可靠性、社交性、主动性、坚持、自信、警觉、合作性、适应性。

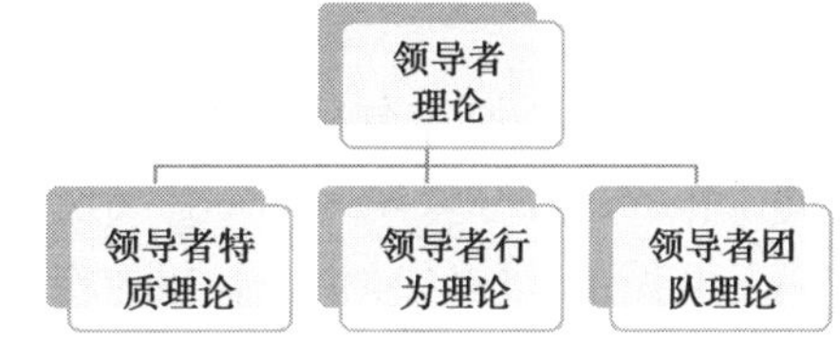

图10-3　领导者理论

查德·曼恩：调整能力、外向性、支配性、阳刚性、保守主义。

马克·赫根：精力充沛、随和、责任感和情绪稳定性。

(2)领导者特质理论和领导特质

领导者特质理论：传统的领导者特质理论认为，领导者具有某些固有的特质，并且这些特质是与生俱来的，只有先天具备这些特质的人才有可能成为领导者。研究表明，有一些特质(如智慧、支配性、自信、精力充沛、富有专业知识)与成功的领导者呈正相关。这说明具备某些特质确实能增加领导者成功的可能性，但是并不存在某一种特质能够保证领导者成功。

领导者特质包括三类：第一类特质为能力，包括管理能力、智力、创造力三个因子。第二类特质为个性和品质，包括自我督导、决策、成熟性、工作班子的亲和力、男性的刚强或女性的温柔五个因子。第三类特质为激励，包括职业成就需要、自我实现需要、行使权力需要、高度金钱奖励需要、工作安全需要五个因子。

(3)基于五大人格特质理论的测量

在绝大多数情况下外向性、情绪稳定性、经验开放性和责任感都对领导者有影响，而其中外向性更是在不同的研究中对领导者有着相同的作用。

(4)六个关键特质

内在驱动力、领导动机、诚实与正直、自信、认知能力以及工作相关知识。

2.领导者行为理论

(1)库尔特·勒温的领导作风理论

在实际工作中，要么独裁、要么民主的极端领导风格并不多见，大多数是介于两者之间的。它以权力行使作为基本变量，表现为专断式、民主式和放任式三种领导类型，它们的特点如图10-4所示。

①专断式的领导作风。权力集中在领导者个人手中，其强调指挥与服从，完全由个人说了算，主要依靠其个人的能力、经验和判断来指挥组织的活动。领导者将决策权高度集中，独自作出决策，严格控制决策的执行过程，亲自或通过自己信赖的监督系统监督执行过程和

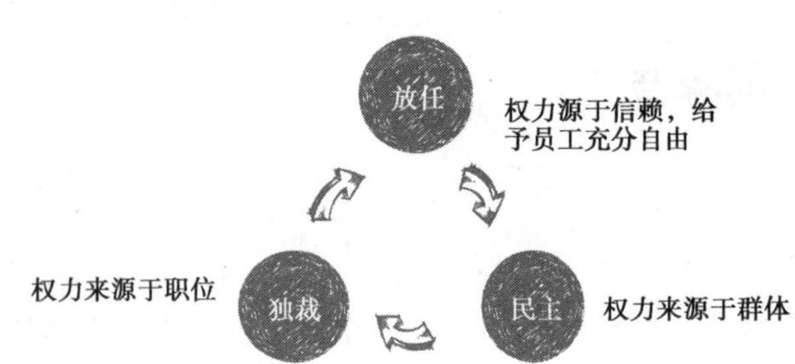

图 10-4　领导权力的来源

执行结果。下属没有参与管理的机会,只能服从领导,满足感较低。由于权力的压力,下属的工作效率往往以领导在不在场而异。

②民主式的领导作风。权力定位在领导群体中,员工高度参与管理,在决策过程中让被领导者参加,决策的执行采取分权的方式。对执行过程和执行者的监督,主要依靠具有一定自主权的不同部门互相制约和执行者之间的工作竞赛来实现。领导者与被领导者之间态度友好,以平等和相互尊重为基础,员工的满足感就高。即便领导不在场,员工也能保持较高的工作积极性和工作效率。

③放任式的领导作风。权力定位在群体中的每一个人手中。这种领导方式注重无为而治,领导者既不具有决策权,也不对决策的执行过程及工作人员进行监督。员工没有满足感,也缺乏方向感,工作效率会很低。

勒温认为,在实际工作中,三种极端的领导风格并不常见,许多领导者采用的领导方式往往介于两种极端之间。

在具有民主式领导作风的领导者的领导下,群体成员相处融洽,而且工作绩效高;在具有独裁型领导作风的领导者的领导下,成员之间会产生攻击性行为;在具有放任型领导作风的领导者的领导下,群体工作绩效最差。此项研究对教育心理学和工业组织心理学的发展产生了积极影响。

勒温能够注意到领导者的风格对组织氛围和工作绩效的影响,区分出领导者的不同风格和特性,并以实验的方式加以验证,这对实际管理工作和有关研究非常有意义。许多后续的理论都是从勒温的理论发展而来的。但其也存在一定的局限,这一理论仅仅注重领导者本身的风格,没有充分考虑领导者实际所处的环境,因为领导者的行为是否有效不仅取决于其自身的领导风格,还受到被领导者和周边环境因素的影响。

(2)领导行为连续统一体理论——罗伯特·坦南鲍姆、沃伦·施密特

领导行为连续统一体理论是由坦南鲍姆和施密特于1958年提出的,领导行为连续统一体理论主张按照领导者运用职权和员工拥有自主权的程度,把领导模式看作一个连续变化的分布带,以高度专权、严密控制为其左端,以高度放手、间接控制为其右端,从高度专权的左端到高度放手的右端,划分七种具有代表性的典型领导模式,领导风格与领导者发挥权威作用的程度和员工在做决策时享有的自由度有关,在连续体的最左端,领导行为是专制的领导;连续统一体的最右端是将决策权授予员工的民主型的领导,在管理工作中,领导者使用的权威和员工拥有的自由度之间是一方扩大另一方缩小的关系,一位专制的领导者具有绝

对的权威,自己决定一切,不会授权给员工,而一位民主的领导者在决策过程中,会给予员工很大的权力,民主与独裁仅是两个极端的情况,这两者间还存在许多种领导行为(图10-5)。

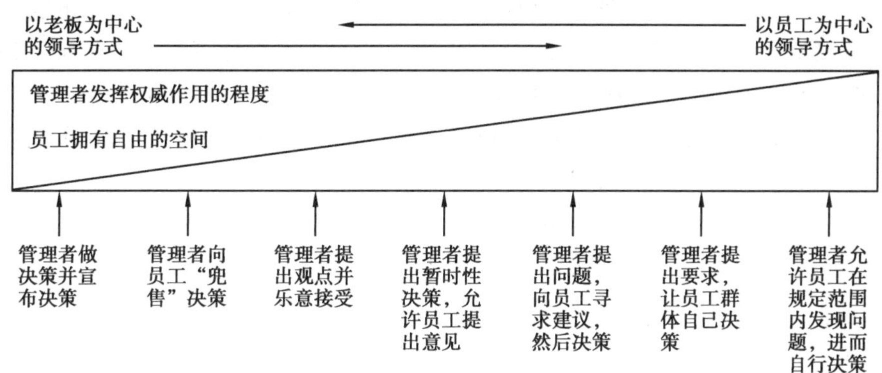

图10-5 领导行为连续统一体理论

(3)"结构—关怀两维理论"——俄亥俄州立大学的研究

定规维度:领导者确定和构建自己和员工的角色,以实现组织的目标。

关怀维度:领导者信任和尊重员工,期望与员工建立和谐的人际关系。

二维构面理论又称领导双因素模式,是美国俄亥俄州立大学的研究者弗莱西和他的同事们1945年起对领导问题进行广泛研究的,他们认为,领导行为可以从两个维度加以描述(图10-6)。

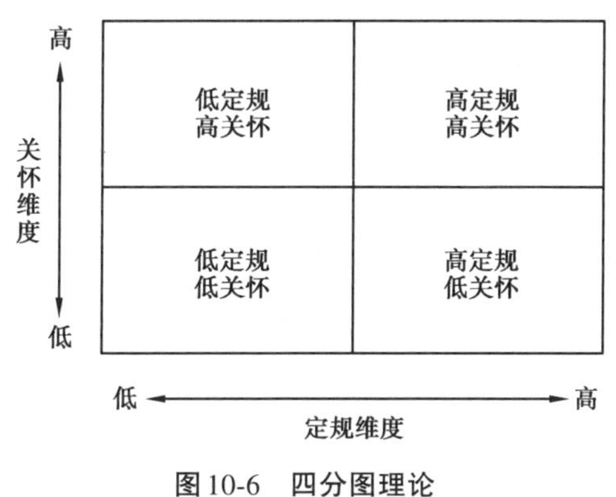

图10-6 四分图理论

①关怀(Consideration)。"关怀"是指一位领导者对其员工给予的尊重、信任程度。高度关怀与低度关怀之间,可以有无数不同程度的关怀。

②"定规"(Initiatingstructure)。一般称为"俄亥俄学派理论"或"二维构面理论"(Two dimension theory)。"定规"就是指领导者根据员工的职位、角色与工作方式,制订规章或工作程序。其也有高度的定规和低度的定规。

(4)生产两维理论——密歇根州立大学的研究

①以生产为中心:工作的技术、日程的安排和任务的完成,员工是实现目标的手段。以生产为中心的领导行为无论在生产效率还是在员工满意度方面都是低效的。

②以员工为中心：关注员工面临的问题，同时着力建设具有高绩效目标的有效工作群体。以员工为中心的领导能够实现高产出量。

在俄亥俄州立大学研究同期，密歇根州立大学的研究小组从领导有效性角度将领导行为划分成重视人际关系、考虑员工的个人兴趣、承认个体差异的“员工导向”(Emloyee-Oriented)和强调工作的技术或任务的完成情况，将员工视为实现目标的“生产导向”(Production-Oriented)维度。密歇根州立大学的研究者认为，员工导向的领导者比生产导向的领导者更有效，其员工的生产效率和工作满意度更高。很显然，密歇根州立大学的研究主要在美国本土开展，此时美国由于其积极的人才战略和在两次世界大战中所获的巨额财富，是世界第一强国，重视个人兴趣和个体差异已成共识，精神的力量甚至超过了物质的激励作用。因此，他们的研究得出：员工导向的领导比生产导向的领导更有效就不足为奇了。但即使在今天，由于诸多发展中国家依然处于全球产业链的低端和底层，所以该理论在全球范围内的可推广性依然有限。

布莱克和莫顿认为(9,9)方格的领导方式是最有效的，既能提高员工的满意度，又能带来较高的生产效率(图10-7)。

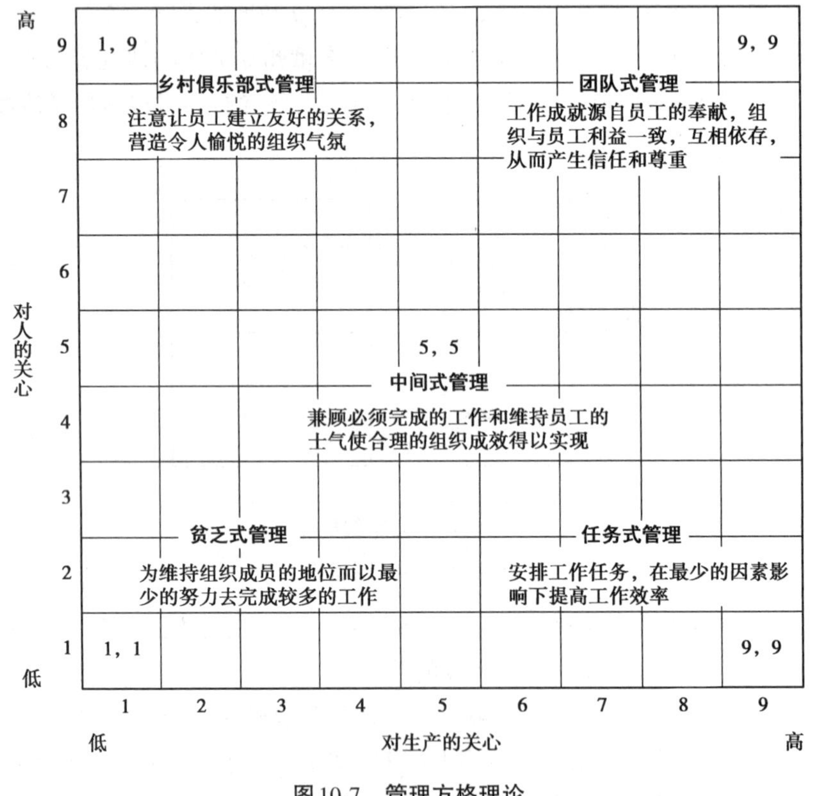

图10-7 管理方格理论

管理方格理论是研究企业的领导方式及其有效性的理论，是美国得克萨斯大学的行为科学家罗伯特·布莱克和简·莫顿在1964年出版的《管理方格》一书中提出的。这种理论倡导用方格图表示和研究领导方式。

(5)管理方格理论——罗伯特·布莱克和简·莫顿

他们认为,企业的领导工作往往通过一些极端的方式来进行,或者以生产为中心,或者以人为中心,或者以X理论为依据而强调监督,或者以Y理论为依据而强调信任。为避免走向极端,克服以往各种领导方式理论中的“非此即彼”的绝对化观点,他们就企业中的领导方式问题提出了管理方格法,使用自己设计的方格图,纵轴和横轴分别表示企业领导者对人的关心程度和企业领导者对生产的关心程度。全图总共81个小格,分别表示“对生产的关心”和“对人的关心”这两个基本因素在不同结合程度下所对应的领导方式。

①(1,1)为贫乏式管理,领导者对员工和生产都极不关心,领导效果最差。

②(1,9)为乡村俱乐部式管理,领导者充分注意搞好人际关系,注重对员工的支持与体谅,组织气氛比较和谐,但对任务、效率、规章制度、指挥和监督的关注较少。

③(9,1)为任务式管理,领导者的注意力集中于任务的效率,但不关心人的因素,对员工的士气和发展不太关注。

④(9,9)为团队式管理,领导者对生产和人都极为关心,想方设法协调各项活动,生产任务完成状况较好,员工关系协调,士气旺盛,员工个人目标与企业目标相结合,形成一种团结协作的管理方式。这当然是一种最理想的领导方式,但在实际中并不容易做得到。

⑤(5,5)为中间式(中庸式)管理,对人和生产都适度关心,在完成任务和满足员工需要之间保持平衡,倾向于维持现状。

管理方格理论认为,(9,9)型团队式领导是一种最理想的领导方式,应该以此作为领导者检讨和改进现有领导方式的努力方向。

(6)团队领导理论

①兴起的时间:20世纪80年代。

②标志:“高阶理论”——唐纳德·汉布里克、菲莉丝·梅森。

③主要观点:高层管理人员在进行决策和采取行动时会受到其自身的经验、性格和价值观等因素影响。了解整个高层管理团队的特征有助于更好地预测组织绩效。人口统计学变量并不能完全代表管理人员的认知和价值观。

④发展:对团队行动一致性的研究。

(7)权变理论

①费德勒权变理论。领导的有效性表现为领导者、被领导者、环境的函数关系。领导风格是影响领导效果的关键因素之一。有效的领导行为依赖于有效的领导情境(图10-2)。

表10-2　8种情境类型

情境	1	2	3	4	5	6	7	8
领导者与员工的关系	好	好	好	好	差	差	差	差
工作结构	明确	明确	不明确	不明确	明确	明确	不明确	不明确
领导者职权	强	弱	强	弱	强	弱	强	弱
有利程度	最为有利	比较有利	比较有利	中等有利	中等有利	不太有利	不太有利	最为不利

②领导行为连续体理论。坦南鲍姆和施米特将领导模式划分为高度专制、高度民主以及在高度专制和高度民主的领导风格之间的其他领导模式(图10-8)。

管理者在决定采用哪种领导模式时要考虑三个方面的因素:管理者的特征:管理者的特征体现在管理者的背景、教育、知识、经验、价值观、目标和期望等方面。员工的特征:员工的特征体现在员工的背景、经验、价值观、目标和教育背景方面等。环境的要求:环境的要求体现在空间环境的大小、环境的复杂程度、组织氛围、技术、时间压力和工作的本质等。

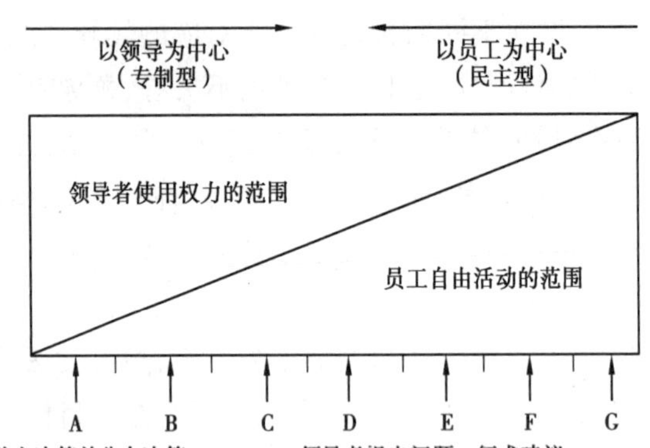

A——领导者做出决策并公布决策; E——领导者提出问题,征求建议;
B——领导者“推销”(说明)决策; F——领导者明确问题范围,让群体做出决策;
C——领导者提出观点,并征求意见; G——领导者允许员工在公司规定的权力范围内自己进行决策。
D——领导者提出决策草案,以便共同讨论修改;

图10-8 领导行为连续体理论

二、新型领导理论

20世纪80年代以来,随着经济全球化、员工多样性、沟通信息化的浪潮向社会各个领域的渗透,领导者与组织绩效之间最重要的两个调节变量或中介变量——领导环境和追随者都发生了重大变化,领导理论迈入了丛林时代,其中变革型、仆从型、道德型、本真型等领导者理论在国内影响较大,本节将重点介绍。

1.变革型领导者

詹姆斯·麦格雷戈·伯恩斯将变革型领导(Transformational Leadership)定义为领导者通过让员工意识到所承担任务的重要意义和责任,激发下属的高层次需要或扩展下属的需要和愿望,使下属超越个人利益,为团队、组织等更大的目标而努力工作。变革型领导可以概括为四个点:领袖魅力:提供愿景规划,灌输荣誉感,赢得尊重和信任;感染力:使用各种方式强调努力的重要性,使用各种方式强调努力,通过简单明了的方式表达重要目标;智慧刺激:激发智力,进而理性和细致地解决问题;个性化关怀:关注个体,不同员工不同对待,针对性地给予其指导和建议。

2.道德型领导

道德型领导者具有双重角色,即道德的人和道德的管理者。道德型领导力是指,“在个人行为及人际关系中表现出规范性的、适当的行为,并通过双向沟通、巩固和决策,在其追随者中强化这种行为的发生。”“规范性行为”是指,道德型领导者会实践那些被其追随者认为是示范的行为，如诚实（Honesty）、可信赖（Trustworthiness）、公平（Fairness）、关心他人（Care）等行为，从而成为可信赖的榜样。"适当的行为"是指该行为要合乎其所处的环境背景。通过双向沟通在其追随者中强化这种行为是指，道德型领导者不仅是关注自身的道德规范，而且通过与其追随者进行沟通，使道德规范发挥作用。

3.仆人式领导

仆人式领导是罗伯特·K.格林里夫提出的。

格林里夫(1904–1990)的仆人式领导是一种存在于实践中的无私的领导哲学。此类领导者以身作则，乐意成为仆人，以服侍领导；其领导的结果亦是为了延展其服务功能。仆人式领导鼓励合作、信任、先见、聆听以及权力的道德用途。仆人领导不一定有正式的领导职位。

4.共享型领导

共享型领导是指，独立于组织正式的领导角色或层级结构，由组织内部成员主动参与的、一种自下而上的成员之间相互领导的非正式领导力团队过程模式。它强调传统垂直领导行为或角色在成员之间的共享，如协作。

5.魅力型领导

魅力型领导理论是指，领导者利用其自身的魅力鼓励追随者并进行重大组织变革的一种领导理论。其特质为：有能力陈述一种员工可以识别的、富有想象力的未来远景；②有能力提炼出一种每个员工都赞同的组织价值观系统；③信任员工并获取他们充分的信任回报；提升下属对新结果的认识，激励他们为了部门或组织牺牲个人利益。

6.破坏型领导

破坏型领导研究源于豪斯等人对魅力型领导阴暗面和光明面的分析。他们将魅力型领导划分为社会化领导和个人化领导两类，认为破坏性行为如暴力及其他攻击性行为源自个人化领导。其他有关魅力型领导阴暗面的研究也得出了类似结论。例如，狂妄和危险的价值观念；对个人所做出的成果更感兴趣；应综合组织和员工两个方面的内容来界定破坏型领导；等等。他们将破坏型领导定义为：领导者（包括主管与经理）反复表现的侵犯组织合法权益的系统化行为，这些行为破坏了组织的目标和任务，破坏了组织资源，影响了员工的福祉、工作动机、工作效果等。

第三节　领导与被领导者

一、情境领导模式

1.情境领导模式的定义

情境领导模式是保罗·赫塞和肯尼斯·布兰查德提出的，情境领导是一种领导模式，目的是帮助员工发展自我，使他们能针对特定的目标或任务，经过时间的积累，得到最佳的工作成效。

2.情境领导模式的提出者

保罗·赫塞、肯尼斯·布兰查德。

3.情境领导模式的主要内容

有效领导和无效领导的差异并不是领导者行为本身决定的,而是领导者行为和实施情境的匹配度决定的。具有情境领导能力的领导能协助员工在工作中实现自发的自我领导。情景领导力的基础是员工的工作能力、工作意愿(发展阶段)和领导者所提供的支持行为、指导行为(领导型态)之间的互动关系。这种互动关系是针对特定目标或任务而言的。唯有领导者的领导形式与员工的发展阶段相协调时,其领导才能够有效(图10-9)。

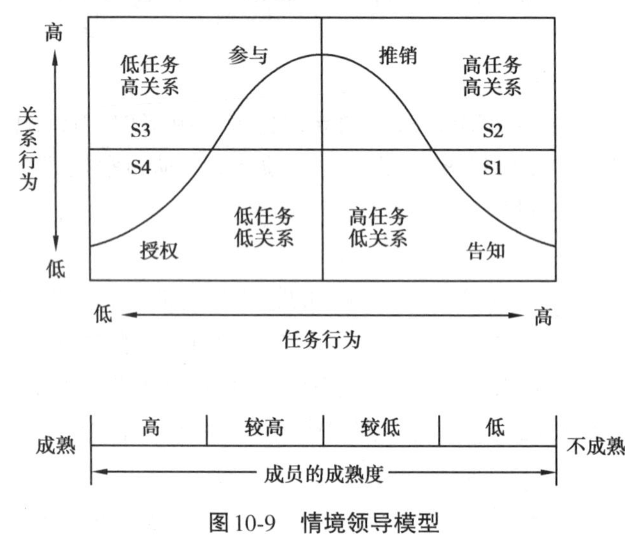

图10-9 情境领导模型

项目管理PMP之四种领导方式及个人发展阶段见表10-3。

表10-3 领导形态及个人发展阶段

下属成熟度	对应特征	领导方式
R1	成熟度低;既不愿意,也没有能力承担分配的工作任务。	S1
R2	成熟度较低;愿意从事分配的工作任务,但不具备完成工作的能力。	S2
R3	成熟度较高;具有从事分配的工作任务的能力,但却不愿意去做。	S3
R4	成熟度高;既愿意也有能力去完成分配的工作任务。	S4

二、领导者—成员交换理论

1.领导者—成员交换理论的定义

领导者—成员交换理论亦称“LMX理论”,其认为领导者与员工的亲疏程度是影响领导绩效的重要变量。领导者根据员工的贡献、个人喜好等区别对待员工,并形成质量不同的领导者—员工交换关系。

2.领导者—成员交换理论的提出者

乔治·格里奥等。

3.领导者—成员交换理论的主要内容

①四个维度:贡献、情感、忠诚、职业尊重。

②关键差异:领导者和每位员工的关系的,根据关系的不同,领导者将员工分为圈内人和圈外人。

③三个阶段:角色发现:领导者需要发现员工的相关技能和动机,员工也在试探领导者能够提供的资源,基本确定关系。角色开发:领导者和员工一起工作最终形成合理的交换关系。角色实现:通过协商细化交换关系,形成高质量的关系。

【案例】

"领导—成员"交换理论调查问卷

1.你认为你的监管者对你的工作改变有多大的反应? 4=监管者对改变非常热心;3=监管者对改变不冷不热;2=监管者认为没有太大必要进行改变;1=监管者认为不需要改变。
2.无论你的监管者在他的岗位上有多高的威望,你认为他在你的工作中运用他的权力帮助你解决问题的可能性有多大? 4=他肯定会;3=他可能会;2=他可能会也可能不会;1=他不会。
3.在你需要帮助的时候,你能够在多大程度上依靠你的领导者,而且他愿意为此承担风险? 4=总是;3=通常;2=很少;1=从不。
4.你是否经常向你的监管者提出你的工作建议? 4=总是;3=通常;2=很少;1=从不。
5.你怎样描述你与你的监管者之间的工作关系? 4=非常好;3=大多数情况下是好的;2=基本上是好的;1=基本上较差。
每一个参与者都有5个项目,得分为5~20分。

三、领导者角色理论

1.领导者角色理论的定义

管理者需要在不同的角色间进行转换。

2.领导者角色理论的提出者

亨利·明茨伯格。

3.领导者角色理论的主要内容

领导者角色是指在一定的职责范围内实施的一套有条理的行为。明茨伯格认为,10种角色形成一个整体,管理者是一个投入—产出系统,权威和地位涉及在一段人际关系中所扮演的角色,其既需要投入,又能实现产出)。任何一种角色的缺失都可能使其他角色无法完整发挥自己的作用。

领导者的角色是10种角色中最具代表性的一种,也是管理者权力表现最为明显的角色(表10-4)。

表10-4　10种角色

角色	描述	特征活动
挂名首脑	具有象征意义的首脑;必须担任许多法律性或社会性职务	签署法律文件,接待来访人员
领导者	负责对员工进行激励和鼓励等	涉及员工的所有管理活动
联络者	维持与外界的联系以及维护对提供优惠和信息的人的自我发展网络	给来函作复;外部董事会的工作;涉及组织以外的人的其他工作
监听者	收集并收到各种特别的信息,以便对组织和环境有彻底的了解;成为组织内部信息和外部信息的中枢	对各种接收的信息进行处理
传播者	把从企业以外的人以及其他员工那里收集收到的信息传递给组织的成员	为了传播信息而通过邮件将信息传递给组织成员,涉及向员工提供信息的口头联系
发言人	把组织的计划、政策、行动、结果等信息传递给组织以外的人;为组织中的专家提供服务	召开董事会,处理向组织以外的人传递信息的邮件
企业家	在组织及其环境中寻求机会,通过制订改进性方案进而实施变革;对某些方案的无法预料的重大变故时进行监督	参加相关检查会议
故障排除者	在组织面临重大的无法预料的重大变故时,负责实施补救行动	参与处理危机的战略性会议及检查会议
资源分配者	负责对组织的所有资源进行分配——事实上做出或批准所有的重大组织决定	时间安排;涉及预算编制和安排员工的任何行为
谈判者	在重大的谈判活动中作为组织的代表发言	谈判

第四节　中西方领导的差异

一、西方领导特质理论的研究

拉尔夫·斯托格迪尔(1904—1978年)有关领导素质的内容包括以下几点:①良好的身体特征,如体格强壮、精力充沛、充满活力、仪表出众、打扮整洁;②良好的社会背景,包括接受过良好的高等教育和良好的社会地位;③拥有智慧和才能,如有智慧、专业知识和技能;④性格较好,如自信、进取、独立、自制、创造;⑤在工作中的表现良好,如渴望获得成就、责任感强、有事业心和以工作为荣;⑥社会技能较强,如善于交际、善于与人合作。

【案例】

韦尔奇的领导艺术

在他人眼中,韦尔奇是一个既令人敬畏又从不废话的领导。无论是给雇员、经理、总裁还是给董事会的信函,韦尔奇从不用套话。对于韦尔奇手下20多名直接负责人来说,每一次加薪或减薪,每一份奖金,每一次优先认股权的授予,总要伴随着一次关于期望和表现的坦诚交谈。高级副总裁盖利说:“韦尔奇总能刚柔并济,恩威并施。当他交给你奖金或优先认股权时,他同时会让你知道他在来年想要的东西。”

二、中国领导特质理论的研究

林琼和方俐洛调查发现,中国领导人才的特质包含四个维度:目标有效性;才能多面性;个人品德;交际能力。赵国祥调查发现,我国党政机关处级领导的个性特质由责任心、情绪稳定性、社交性、自律性、决断性、创新性六个因素组成。

通过这些对中国大型企业的领导者与非领导者群体的调查发现,领导力作为一种稳定的特质,具有很高的综合性,主要包括开创性(决断性、风险承受能力、开放性、支配性和自信心)、适应性(稳定性、承受压力和自控的能力)、自律性(持续性、责任心和自控性)。

【案例】

王石的军人特质

万科集团总经理王石于1968年参军,1973年从部队转业。1993年万科集团决定放弃多元化,现在其成为真正意义上的人事单一业务的房地产集团,并且专注于开发居民住宅地产,完成了集团战略专业化的调整。而万科集团能够成功则离不开王石军个人特质的影响。

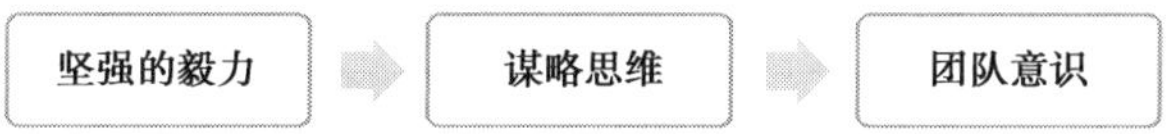

三、领导的道德

近年来,领导的道德问题越来越受到研究者的关注,其具体表现如下:

①某些领导的道德问题(如贪污受贿、滥用权力)引起了公众的广泛关注,也激发了研究者的兴趣。

②领导的道德缺陷影响了其领导的有效性,更有学者认为道德决定领导力。

③人性化的关怀日益得到提倡,被领导者的权益和生活质量受到前所未有的关注。

领导有效性应当强调手段和目的的统一。自古以来,中国人重视领导者的道德问题,特别强调领导者应“德才兼备”。普通百姓对那些刚正不阿、大公无私、秉公办事的清官倍加称赞,而对欺压百姓的贪官污吏则讽刺鞭挞、深恶痛绝。

我国现行的领导干部的选拔和考核制度都非常强调道德的标准。如何考察一个人的道德以及了解其道德发展变化的规律，按照“德才兼备”的原则选拔领导，以及如何依法对领导加强监督，是我国领导科学在新时期的重要研究课题。

四、信任是有效领导的基石

诚信领导，就是领导者在领导过程中能够表现出诚实守信、言行一致、表里如一、诚恳负责的品质或行为，从而有利于整个团体实现组织目标。

诚信领导的核心是领导者展现的诚信品质或行为，影响员工的认知、态度及行为，进而有利于在组织中建立坦诚、互信、和谐的氛围，提高组织成员对组织的认同感及归属感，激发员工的积极性和创造力，为组织打造一支富有竞争力的人才队伍创造条件。

诚信领导实际上包含两个彼此相关的过程：一是领导者展现诚信的品质或行为；二是员工表现诚信的品质或行为。信任被认为是有效领导的基石。建立信任的做法见表10-5。

表10-5 建立信任的做法

序号	建立信任的做法	破坏信任的做法
1	及时传递信息	控制或隐瞒信息
2	致力于建立建设性关系	远离价值和原则，关注容易产生问题的细节
3	不要隐藏计划	隐藏真实意图
4	尊重并认可他人对信任关系的贡献	把交往关系看作输或赢的关系
5	不要刻意隐藏自己的弱点	刻意隐藏自己的短处
6	明确对员工的要求和期望	不与员工分享自己的要求和期望
7	信任关系比关系中的人更重要	我的只能是我的，你的则可以商量
8	要有长远的目光	把交往看作交易
9	强调协同	强调劳动分工
10	更好地理解自己和他人	自我
11	认识到并非“关系”的任何方面都是成功的	让人知道你有其他选择或潜在的伙伴
12	将问题看作机遇	不惜代价保护自我

【课堂讨论】

1. 如何理解“领导”这一管理术语？为什么这么理论？
2. 简述领导和管理的异同。
3. 简述领导者权力体系的来源及构成。
4. 什么是领导者和被领导者？在组织中，是否上级就是领导者，下级就是被领导者？为什么？
5. 领导理论的发展主要经历了哪三个阶段？
6. 简述领导的权变理论。

【课堂游戏】

形式:8人一组最佳。

时间:30分钟。

材料:眼罩4个,20米长的绳子一条。

适用对象:全体参加团队建设及领导力训练的学员。

活动目的:让学员体会和学习,一位领导者在分派任务时通常犯的错误以及改正错误的方法。

操作流程:

1.教师选出一位总经理、一位总经理秘书、一位部门经理、一位部门经理秘书、四位操作人员。

2.教师把总经理及总经理秘书带到一个看不见的地方,而后向他们说明游戏规则。

问题讨论:

1.如果你是操作人员,你会怎样评价你的这位主管经理?如果是你,你会怎样分派任务?

2.如果你是部门经理,说说你对总经理的看法和对操作人员的看法。

3.如果你是总经理,说说你对这项任务的感觉,你认为哪些方面还需要改善?

第五篇

控　制

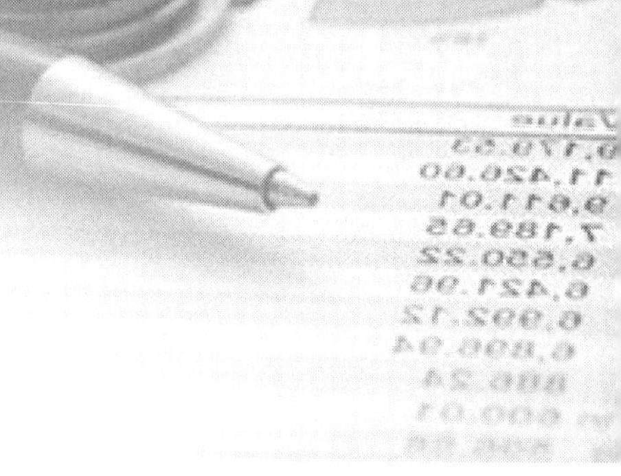

第十一章　控制及其应用

【学习目标】

1.知识目标:掌握控制的定义、原则、意义和类型;掌握控制的类型与基本内容。

2.能力目标:掌握控制的过程。学会运用理论知识对现实案例进行分析。

3.情感态度目标:加入人生风险控制知识,充分做好事前控制,防范风险和错误,在目标执行过程中,定期检查与纠偏,事后总结经验与不足,为实现更高的目标奠定基础。

【案例】

哈勃空间望远镜

经过长达15年的精心准备,耗资15亿美元的哈勃空间望远镜终于在1990年4月成功升空。但是,美国国家航空航天局仍然发现望远镜的主镜片存在缺陷,直径达94.5英寸的主镜片的中心过于平坦,导致成像模糊。因此望远镜对遥远的星体无法像预期那样清晰聚焦,造成一半以上的实验和许多观察项无法进行。

更让人觉得可悲的是,如果更细心地对其进行控制,这些是完全可以避免的。镜片的生产商珀金斯—埃默公司,使用了一个有缺陷的光学模板生产如此精密的镜片。具体原因是,在镜片生产过程中,进行检验的一种无反射校正装置没设置好。校正装置上的1.3毫米的误差导致镜片研磨、抛光成了误差形状,但是没有人发现这个错误。具有讽刺意味的是,与其他许多NASA项目所不同的是,这一次并没有时间上的压力,而有足够的时间来发现望远镜上的错误。实际上,镜片的粗磨在1978年就开始了,直到1981年才抛光完毕,此后,由于"挑战者号"航天飞机的失事,完工后望远镜又在地上待了两年。

美国国家航空航天局负责哈勃项目的官员,对制造望远镜的细节根本不关心。事后航天管理局中一个6人组成的调查委员会的负责人说:"至少有三次明显的证据说明问题的存在,但这三次机会都失去了。"

第一节　控制概述

一、控制的含义

法约尔认为，在一个组织中，控制就是核实所发生的每一件事是否符合所规定的计划、所发布的指示以及所确定的原则，其目的是指出计划实施过程中的错误，以便防止错误的发生。罗宾斯认为，控制是监控、比较和纠正工作绩效的过程；所有的管理者都应当实施控制职能，控制措施是否有效取决于它们如何帮助员工和管理者实现他们的目标。

根据上述定义，我们可以知道，控制其实就是监视各项活动以保证它们按计划进行，并调整各种重要偏差的过程。

二、控制的目的

1.限制偏差的累积和防止新偏差出现

偏差会随时出现，但都在计划允许的范围内，一旦出现不可逆转的偏差，并且其在实际工作中被不断被放大，最后可能导致计划失败。

2.适应变化的环境

通过实施控制工作，组织活动在平衡的基础上呈螺旋式上升，即适应变化的环境，取得管理突破。

三、控制的对象

控制的对象就是控制的内容，美国管理学家斯蒂芬·P.罗宾斯将控制的内容归纳为以下五个方面。

1.对人员的控制

管理者是通过他人的工作来实现其为组织所设定的目标的。因此，为了保证组织目标的实现，就必须对组织内部的人员进行控制。对人员控制最常用也是最简单的方法是直接巡视和系统化评估员工的表现。在管理现场直接巡视员工，发现问题可以马上对问题进行纠正。通过对员工进行系统化评估，利用强化原理，对绩效好的员工应予以奖励，使其维持原表现或表现得更好；对绩效差的员工，管理者就应采取相应的措施，纠正其出现的行为偏差。

2.对财务的控制

财务控制是指对组织财务活动施加影响或调节，以便实现计划所规定的财务目标。财务控制的主要内容是财务预算、审计和财务报表分析。预算是为完成计划和目标，对财务方面所提出的要求，属于事先控制；审计是对财务和会计计划进行检查，查出其中存在的问题，财务和会计审计属于事后控制；财务报表分析是采用一定的方法，以财务报表为分析对象，从中找出存在的问题，判断组织经营状况的一种财务控制方法。财务报表是财务信息的主要载体，包括资产负债表、损益表和现金流量表。

3.对作业的控制

依照系统论“输入—转换—输出”的观点，作业就是指从原材料、劳动力等资源到最终产品和服务的转换过程。组织中的作业质量很大程度上决定了组织提供的产品和服务的质量，而作业控制就是通过对作业过程的控制来评价并提高作业的效率和效果，从而提升组织产品和服务的质量。组织中典型的作业控制有生产现场控制、产品质量控制、原材料采购控制、库存控制等。

4.对信息的控制

信息时代赋予信息在组织中更重要的地位和角色，不精确的、不完整的、不及时的信息都会大大降低组织效率。因此，在现代组织中对信息进行科学的控制就显得尤为重要。对信息的控制就是要建立一个管理信息系统，使它能及时地为管理者提供充分的、准确的、有用的信息。

5.对组织绩效的控制

组织绩效是组织上层管理者的控制对象，但关注组织绩效的并不仅仅是组织内部的管理人员，还包括组织外部的其他组织和人员，如政府机构中的税务部门、供应商、潜在的投资者以及证券分析人员等。要有效实施对组织绩效的控制，关键在于科学地评价、衡量组织绩效。但在实际工作中，很难用单一的指标来衡量一个组织的绩效，生产率、利润、产量、市场占有率、成长性等都是衡量组织整体绩效的重要指标。指标的选择取决于组织的目标取向，即要根据组织达成目标的实际情况并按照目标所设置的标准来衡量组织绩效。

四、控制的过程

控制是一个过程，它贯穿于整个管理活动的始末。

1.确立标准

首先应明确控制的对象，也就是体现目标特性、影响目标实现的要素。这种标准是从一个完整的计划中选出来的，是对工作成果的计量有重要意义的关键点。最理想的标准是可考核的标准。

2.衡量成效

这实际上是控制过程中的一个“反馈”。有了标准后，首先要明确衡量的手段和方法，落实进行衡量和检查的人员，然后通过衡量工作中的成效获得大量信息。

3.纠正偏差

纠正偏差是控制的关键，其之所以重要，是因为其体现了执行控制工作职能的目的，同时将控制工作职能与其他职能结合在一起。

五、控制的重要性

从某种意义上说，控制可以说既是一个管理过程的结束，又是另一个管理过程的开始。在管理活动中，控制之所以重要，是因为没有控制，组织的计划在组织内外不断变化的环境中难以得到有效的执行，组织或组织成员的活动方向难以与组织活动的目标保持一致，组织的目标就难以实现。所以，控制在管理活动中就必不可少。也正如罗宾所描述的那样，“尽管计划可以制订出来，组织结构可以调整得非常有效，员工的积极性也可以调动起来，但是这仍然不能保证所有的行动都按计划执行，不能保证管理者追求的目标一定能达到”。控制的作用主要体现在以下几个方面：

1.有助于组织适应不断变化的环境

组织的计划在一定程度上可以应对环境的变化，减少环境变化的不确定性，但任何组织都不可能对未来的变化做出精确的预测。在不断变化的环境中，组织要想生存，就必须通过控制，对行动采取有效的调整，提高自身对环境的适应能力。例如，随着认识的改变，人们已经明白提供的公共产品应该随着社会的发展而不断增加，政府因此会更加重视公共产品的生产和提供。对于企业、非企业单位（如事业单位、非营利性组织）的发展来说，其必须适应这种变化的环境。

2.有助于提高管理水平、限制偏差的积累

在组织的活动中，偏差和失误是不可避免的，小的偏差或失误并不一定会立即给组织带来严重的损害，但小的偏差或失误会随着时间发展不断被累积，一旦产生质变，就会对实现组织目标产生负面影响。例如驾驶汽车，如果方向发生一点偏离，即使不调整方向，可能还在原来的行车道上行驶，但如果不调整方向，迟早会驶向其他车道，导致交通事故。

控制是组织能够及时发现偏差并予以纠正的重要手段。控制可以及时发现管理活动中存在的问题，通过寻找问题产生的原因，及时采取相应措施来纠正偏差，及时解决问题，不至于影响到组织的发展。因此，从这个角度来看，控制有助于组织防微杜渐，有助于组织管理水平的提高。

3.有助于强化组织成员的责任心，提高其工作能力

组织要实行控制，就要有一个合理的控制标准。通过对组织部门或组织成员进行绩效评估或考核，不仅可以促进组成部门或组织成员明确自己应当承担的责任，还可以提高他们对控制工作的认识，并且给予其鼓励，使得其高效地完成所承担的任务。通过控制，管理者可以帮助组织成员及时发现工作中出现的各种问题，深入分析问题产生的原因，端正他们的工作态度，并指导他们采取有效的改正措施。这样，既达到了控制的目的，又提高了组织成员的工作能力。

4.有利于组织降低运营成本

无论是对营利性组织，还是对非营利性组织，成本领先是组织具备竞争优势的一个重要条件。这就要求组织充分有效地利用资源，强化成本控制，减少不必要的运营环节和浪费，降低成本支出，增加产品或服务产出。

5.有助于其他管理职能的发挥

控制工作通过信息反馈，不仅可以促进决策的科学化，还可以提高计划质量，进而使管理的其他职能得到更好的发挥。

六、控制的原则

1.标准性原则

目标推行进程的管理控制是通过人来实现的，即使是最好的领导者和管理人员也不可

避免地受自身个性和经验等主观因素的影响,因此管理活动中人的主观因素造成的偏差是不可避免的,有时是难以发现和纠正的,但这仅仅是问题的一个方面。另一方面是人具有能动性,因此可以主动纠正偏差,凭借客观的、精确的考评标准来衡量目标或计划的执行情况,从而弥补的主观因素的不足。这就是标准性原则。

2.适时性原则

一个完善的控制系统要求,在实施有效的控制时,一旦发生偏差,必须迅速发现并及时纠正。甚至在未出现偏差之前,就能预测偏差产生的时间,从而防患于未然。这就是控制的适时性原则。

3.关键点原则

对于一个组织的主管人员来说,由于精力和时间的限制,推行目标管理时,控制工作不可能面面俱到,所以应该通过控制关键点,即把主要精力集中于系统过程中的突出因素,从而掌握系统状态,了解执行情况。这就是关键点原则。

4.灵活性原则

要使控制工作在执行中遇到意外情况时仍然有效,就应该在设计控制系统和实施控制时保持灵活性。这就是控制的灵活性原则。

第二节　控制的类型

由于控制工作具有普遍性,因此可按多种标准来给控制分类。

一、按控制时点分类

根据控制时点的不同,控制可分为前馈控制、同期控制和反馈控制。

1.前馈控制

前馈控制是一种使预期量不随时间而变化的常量反馈控制。在定值控制中,由于预期量是常量,因此其控制系统的主要任务是抵抗外来的干扰。当外部干扰影响系统运行时,输出量将偏离预期值,控制系统的作用是使被控变量恢复到预期的常量。在实际中,国家对于物价水平和经济增长速度的控制,一般都是定值控制。

前馈控制这种面向未来的控制方法应用非常广泛。例如,在质量管理中,影响产品质量通常有七大因素,即人、机器、工艺方法、原材料、测量、信息和环境,通过因果分析等方法,管理者能够知道哪些因素对产品质量特性的影响程度较大,哪些因素对产品特性的影响程度较小,然后就可以制订针对性的预防措施,防止质量问题的出现,这是目前质量管理过程中常用的方法。

2.同期控制

同期控制也称现场控制或事中控制。是指控制作用发生在行动之中,即控制与工作过程同时进行。其特点是在行动过程中能及时发现偏差、纠正偏差,起到立竿见影的效果,将损失降到最低。其目的是要保证本次活动尽可能地少发生偏差,改进本次而不是下一次活动的质量。

企业管理中生产现场管理活动的主要内容就是事中控制，由基层管理者执行。这种控制通常包括两项职能：一是技术性指导，包括提出适当的工作方法和工作过程；二是监督下属员工的工作，发现偏差时立即纠正，确保下属员工圆满地完成任务。

同期控制的内容与受控制对象的特点密切相关。像生产现场这种相对简单的劳动或标准化程度较高的工作，严格的现场控制、监督可能取得较好的成效；但对于高级的创造性劳动来说，管理者则应该侧重于营造出一种良好的工作环境和氛围，这样才有利于工作的顺利进行和目标实现。

3.反馈控制

反馈控制也称事后控制，是一种最常用的控制方法。所谓反馈控制，就是从一个时期的生产经营活动的结果中获得反馈信息，并依据这些反馈信息来监控和调整之后的活动。反馈控制主要包括财务分析、成本分析、质量分析和职工绩效评定等。

反馈控制为管理者提供了关于计划执行的效果的真实信息。但由于这种控制是在事后进行的，因此，不论其分析如何中肯，结论如何正确，其对于已经产生的结果来说是无济于事的，它们无法改变已经存在的事实。反馈控制的主要作用，甚至可以说唯一的作用，是通过总结过去的经验和教训，为未来计划的制订和活动安排提供依据。

反馈控制的另一个缺点是其的滞后性。从衡量结果、分析比较到确定纠正错误的措施及其实施，都需要时间，这很容易贻误时机，增加控制的难度，而且已发生的损失不能被挽回。此外，事后控制是通过信息反馈以及行动调节来保持系统的稳定性的，因而它要求反馈的速度必须大于受控对象的变化速度，否则系统将处于不稳定状态，进而导致控制难以取得应有的成效，有时甚至起反作用。

二、按控制来源分类

按控制的来源不同，控制可分为正式组织控制、群体控制和自我控制三种类型。

1.正式组织控制

正式组织控制是由管理人员设计和建立的一些机构或规定来进行控制，像规划、预算和审计部门就是正式组织控制的典型。组织可以通过规划来指导组织成员的活动，通过预算来控制消费，通过审计来检查各部门或各个人是否按照规定进行活动，并提出改正措施。例如，按照规定对在禁止吸烟的地方抽烟的员工进行罚款，以及对违反操作规定和流程的人员给予纪律处分等，都属于正式组织控制的范畴。

2.群体控制

群体控制基于群体成员的价值观和行为准则进行的，它是通过群体行为规范把行为划分为可以接受的、不可接受的，群体规范对个人行为具有较强的约束力。一些企业对控制群体的工作十分重视，他们努力通过发展企业文化来培养集体共有的行为类型。有的企业如IBM的创立者甚至规定穿（黑色西装、白色衬衫、条纹领带）和喝（不许喝含乙醇的饮料，即使在下班后），而且这种规定印成标签各处张贴等。群体控制在某种程度上左右着员工的行为，处理得好有利于达成组织目标；处理得不好将对组织产生较大的危害。

3. 自我控制

自我控制是通过设立自我调节系统,当出现偏差时能自我校正的过程。可以说自我控制的哲学基础是人性的Y理论。自我控制能力取决于个人本身的素质,自豪和主动精神是自我控制的主要源泉。具有良好修养的人一般自我控制能力较强,顾全大局的人要比仅看重自己局部利益的人有较强的自我控制能力;具有较高层次需求的人比具有较低层次需求的人有更强的自我控制能力。为了管理有效,企业必须具备能力将控制工作更多地从管理部门和管理者手中转移到员工的自我控制上。

三、按控制手段分类

按控制手段不同,控制可分为直接控制和间接控制两种类型。

1. 直接控制

直接控制是指被管理者(被控制对象)直接从管理者那里接收信息,或者是管理者直接向被管理者传递控制信息,约束被控制对象行为的控制方式。如上级管理人员采用行政命令对下属员工进行管理的控制等。采用行政命令是一种最直观的也是最简单的方法。然而在实际经济管理活动中,这种直接控制的方法往往不能使整个系统的控制效果更佳。这是因为直接控制忽略了企业中人的因素,不利于下属员工积极性、创造性的发挥,其潜力和能动性也无法发挥出来。

2. 间接控制

间接控制是指被控制对象不是直接从管理者那里接收控制指令,而是从管理者确定的制度、政策、责任等"控制器"那里接收控制信息,进行自我调节、自我控制的一种控制形式。间接控制是指通过一些间接的手段来调节被控制对象的过程。如上级管理者通过奖金、罚款等经济手段来规范下属人员的行为等。在企业内部将奖金与绩效挂钩的政策,以及运用思想工作手段,形成良好的风气、高品位的价值观,都可以有效地控制人们的行为,这都属于间接控制。

第三节　控制的方法

在组织控制过程中,由于控制目标、控制要求和控制对象的不同,我们应选择合适的控制方法和手段。

1. 资金控制

资金控制是管理当局和财务组织对资金和日常财务活动进行管理控制的一系列制度安排,资金控制是内部控制的重点。最常见的资金控制方法有预算控制、财务控制、财务报表分析等。

预算控制是根据预算规定的收入与支出标准,检查和监督各部门的活动,以保证组织经营目标的实现,并使费用支出受到严格约束的过程。

财务控制是指组织通过对其财务活动进行组织、指导、监控和约束,促使其财务目标得以实现的管理活动,它是现代财务管理的核心环节。

财务报表分析是以企业基本活动为对象、以财务报表为主要信息来源、以分析和综合为主要方法的系统认识企业的过程,其目的是了解过去、评价现在和预测未来,以帮助报表使用人改善决策。

2.时间控制

时间控制是用时间技巧、技术和工具帮助企业完成工作,实现组织目标。其最常用的是甘特图和网络图。

3.库存控制

库存控制是对制造业或服务业生产、经营全过程的各种物品以及其他资源进行管理和控制,使其储备保持在经济合理的水平上。库存控制的方法包括定性库存控制和定量库存。

(1)定性库存控制法

定性库存控制法主要有ABC分类法、CAV管理法。

ABC分类法又称帕累托分析法,也叫主次因素分析法,是管理活动中常用的一种方法。它是根据事物在技术或经济方面的主要特征进行分类排列,分清重点和一般,从而有区别地确定管理方式的一种分析方法。由于它把被分析的对象分成A、B、C三类,所以又称为ABC分析法。

CAV管理法是关键因素分析法,CAV的基本思想是把存货按照关键性分成3~5类:最高优先级、较高优先级、中等优先级等。ABC分类法中C类商品得不到重视,往往导致整个装配工作的停工。ABC分类法常需要关键因素分析法进行辅助。

(2)定量库存控制法

库存的需求有两种类型:独立需求和相关需求。

相关需求的库存往往采用MRP物料需求计划进行控制。物资需求计划MRP是指根据产品结构各层次物品的从属和数量关系,以每个物品为计划对象,以完工时期为时间基准倒排计划,按提前期长短区分下达计划时间各个物品的先后顺序,是一种工业制造企业内物资计划管理模式。

独立需求的库存往往通过定量订货模型和定期订货模型确定。

4.质量控制

质量控制是为了通过监视产品形成过程,消除产品形成的各个阶段引起产品质量不合格的因素,以达到质量要求,进而获得经济效益,而采用的各种质量作业技术和活动。常见的质量控制方法有分层法、控制图、因果图、排列图、散布图、直方图、调查表等。

(1)分层法

分层法又称数据分层法、分类法、分组法、层别法,就是把性质相同的问题放在同一条件下,将收集的数据归纳在一起,以便进行比较分析的一种方法。

(2)控制图

控制图又称管理图,是对生产过程中产品质量状况进行实时控制的统计工具,是质量控制中采取的最重要的方法。

(3)因果图

因果图也称特性要因图,又因其开头的形状常被称为树枝图或鱼刺图,是一种系统分析某个质量问题与其原因之间关系的工具。

(4)排列图

排列图又称柏拉图、Pareto图，是将出现的质量问题和质量改进项目按照重要程度依次排列而采用的一种图表。

(5)散布图

散布图又称相关图，在质量控制中它是用来显示两种质量数据之间关系的一种图形。

(6)直方图

直方图又称频数分布直方图、质量分布图，它是将收集的质量数据进行分组整理，绘制成频数分布直方图，用以描述质量分布状态的一种分析方法。

(7)调查表

调查表又名核查表、检查表、统计分析表，是利用统计表对数据进行整体和初步原因分析的一种表格型工具，常用于其他工具的前期统计工作。

5.其他控制方法

(1)安全控制

安全控制是运用现代安全管理原理、方法和手段，分析和研究各种不安全因素，从技术上、组织上和管理上采取有力的措施，解决和消除各种不安全因素，防止事故的发生。安全控制包括人身安全、财产安全、资料安全等控制内容。

(2)人员控制

人员控制是指一系列控制方法，这些控制方法能使员工专业、敬业并且自觉地做好工作。控制工作从根本上来说是对人的控制。常用方法有理念引导、规章约束、工作表现鉴定。

(3)信息控制

信息控制是指组织为了实现组织的整体目标，采用各种信息控制方法对组织活动的各环节进行监督、调节。常用方法有管理信息系统、报告制度、合同评审等。

【本章小结】

1.控制就是监视各项活动以保证它们按计划进行并纠正各种重要偏差的过程，控制的目的包括限制偏差的累积、防止偏差出现以及适应变化的环境。

2.控制的对象包括人员、财务、作业、信息、组织绩效。

3.控制的过程包括确立标准、衡量绩效、纠正偏差。

4.在管理活动中，控制之所以重要，是因为没有控制，组织的计划在组织内外不断变化的环境中难以被有效的执行，组织或组织成员的活动方向难以与组织活动的目标保持一致，组织的目标就难以实现。

5.控制的作用：有助于组织适应不断变化的环境；有助于提高管理水平、限制偏差的积累；有助于强化组织成员的责任心，提高其工作能力；有助于组织降低运营成本；有助于其他管理职能的发挥。

6.控制的原则：标准性原则、适时性原则、关键点原则、灵活性原则。

7.控制的类型:根据控制时间点的不同,控制可分为前馈控制、同期控制和反馈控制三类;按控制的来源不同,控制可分为正式组织控制、群体控制和自我控制三种类型;按控制手段不同,控制可分为直接控制机和间接控制两种类型。

8.控制的方法:资金控制、时间控制、库存控制、质量控制以及其他控制方法。

【课堂讨论】

结合所学知识和个人体会,论述如何进行有效控制?

第六篇

创　新

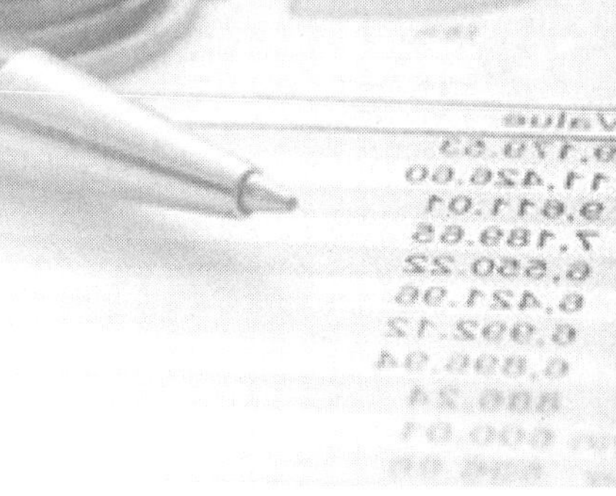

第十二章　创新原理及应用

【学习目标】

1.知识目标:掌握创新的概念和内涵;了解创新的原则和过程;明确管理创新的方法。

2.能力目标:能够在实践中培养创新创业能力。

3.情感态度目标:落实学校“学以致用”的人才培养理念,结合“知行统一,创业创新”的校园精神,形成“密切行业产业,注重社会实践,培养应用人才”的课程特色,树立学生创新意识,开拓创业思维,提高社会实践能力。

【案例】

根据市场变化,实现业务创新

——以安踏公司为例

安踏品牌始创于1991年,而安踏体育用品有限公司是全球领先的体育用品公司。多年来,该公司主要从事设计、开发、制造和行销安踏体育用品,在中国向大众市场提供专业的体育用品,旨在挖掘大众及高端体育用品市场的潜力。

面对疫情反复以及供应链中断等问题,中国经济无可避免受到一定影响。中国国家统计局数据显示,2021年社会消费品零售总额在上半年录得高速增长25.0%,但下半年增长放缓,全年上升12.5%,合44.08万亿元。

“双奥”带动中国的运动服装行业保持良好的发展势头:安踏是北京冬奥委会和冬残奥委会官方体育服装合作伙伴,安踏为中国运动员提供优质的运动装备,并在奥运会期间获得大量曝光和宣传机会。消费市场整体呈现国货崛起、冬奥助力、自主科技创新、个性化、细分化特点。近十年来五大品牌市场份额发生变化,市场格局将从两强并立转向一超多强,安踏集团的市场份额稳步提升。这得益于安踏集团根据市场变化对业务进行创新的举措。

聚焦奥运“爱运动 中国有安踏”

•2020年东京奥运会:“冠军龙服”助力中国奥运健儿亮相领奖38次

•2022北京冬奥会:为12支中国冰雪国家队打造比赛装备

加强代言人矩阵,与Z世代广泛破圈互动

•与谷爱凌、武大靖、吕小军等专业运动员合作

•签约了王一博、白敬亭,助力品牌年轻化

•尽管克莱·汤普森缺席NBA两个赛季,但KT系列仍获得消费者的喜爱。KT1至KT7系列累计批发数量接近1 000万双

DTC进展

•截至2021年底,我们在长春、长沙、成都、重庆、昆明、南京、上海、武汉、西安、沈阳、泉州、新疆、北京、哈尔滨等地采用混合运营模式

•目前约6 000家门店中,52%由我们直营,48%由加盟商按安踏运营标准运营

安踏打造儿童专属运动科技

•推出首款青少年竞速碳板跑鞋「骇浪」,其中鞋底采用氮科技及超临界纯尼龙发泡鞋垫,助跑步运动表现力提升5%

•研发出首个儿童专属科技「犟弹」,推出了采用犟弹科技的追风跑鞋3.0,其软弹舒适功能让产品在市场大受欢迎

•鞋类产品及科技款产品的占比逐步提升,带来更大的品牌差异化

组织外部环境动态性特征越来越显著,不管是技术变化速度还是社会沟通与交往复杂程度,都对管理活动提出了新的挑战。在这种动态的复杂环境中,管理活动只停留于维持阶段是不够的,组织必须主动适应环境的变化,不断对组织活动进行调整和创新。

(案例改编自安踏公司官网)

第一节　创新概述

一、创新的含义与特征

(一)创新的含义

经济学上,创新概念最早被美籍奥地利经济学家约瑟夫·阿洛伊斯·熊彼特在1912年出版的《经济发展概论》提出:创新是指把一种新的生产要素和生产条件的“新结合”引入生产体系,即建立一种“新的生产函数”,进而打破社会经济系统的循环和静态,有助于资源的有效整合,提高组织的绩效。

(二)创新的特征

企业的管理离不开创新,创新是企业管理的重要内容。创新具有以下特征。

1. 目的性

管理学之父彼得·德鲁克认为:检验创新的并不是它的新奇、它的科学内容或它的小聪明,而是它在市场中的成功与否。企业家对系统的管理创新应是有目的性的探索。

2. 变革性

创新的实质就是对旧事物的否定,对新事物的探索。因此,我们要摆脱旧的思维模式,

用变革性创新能力看待问题。

3.动态性

在市场经济环境中,创新是一个动态的过程,它不是一劳永逸的,要不断地适应市场,创造需求,形成一种不断推陈出新、改革突破的机制,只有始终保持创新的活力才能在市场竞争中处于领先地位。

4.风险性

创新对企业来说是一种机遇,但同时伴随着一定的风险。人们对新事物的认识都有一个适应过程,在这个过程中,市场的接受度以及变革的成本等各方面都存在不确定性。

二、创新的作用

1.创新目标是提高企业资源的配置

提高企业资源的配置效率可以体现在很多方面,例如,资金周转速度加快、资源消耗系数减少、劳动生产率提高等,但最终还是体现在经济指标上。提高企业经济效益分为两个方面:一是提高目前的效益;二是提高未来的效益,这有助于企业的长远发展。

2.创新让企业保持稳定并推动企业发展

管理创新为企业提供更有效的管理方式、方法和手段,使得企业的管理更加有序和高效,而企业管理的有序和高效是影响企业稳定与发展的重要因素。

有序和高效的企业管理能够促进企业的稳定发展。很多人都将企业管理比喻成自行车,而管理和技术就是企业发展的两个车轮子,企业不能缺少其中的任何一个。管理创新能为企业提供更加有效的管理手段,也为其之后的管理行为提供参考,而且能够促使企业的稳定发展,推动企业在未来有更大的发展空间。例如,管理层级制是用来管理新型多单位企业,一旦能充分利用其协调功能,就可以让企业保持持久的、稳定的发展。层级制超越了不同工作之间的限制,让企业的支撑架稳定下来,并为企业之后的发展奠定良好的基础。

3.创新的直接成果之一是培养出很多优秀的企业家

优秀企业家的产生,提高了企业资源的配置效率,同时企业的所有权与管理权被分离,推动了企业的健康发展。企业家的形成对企业的发展有很大作用,因为对企业家而言,企业的发展对其职业有至关重要的影响,使得他们必然关心创新,关心管理创新,所以企业家们往往是重要的管理创新的主体。

三、创新的方向

(一)技术创新

技术创新是企业创新的重要内容,是指生产技术的创新,包括开发新技术,或者将已有的技术进行应用创新。

与企业生产制造有关的技术创新,其内容也是非常丰富的。从生产过程的角度来分析,可以将其分为以下几个方面。

1.材料创新

材料既是产品和物质生产手段的基础,也是生产工艺和加工方法作用的对象。因此在技术创新的各种类型中,材料创新可能是影响最为广泛、意义最为深远的类型。材料创新或迟或早会引起整个技术水平的提高。由于迄今为止工业生产基础的材料主要由大自然提供,因此材料创新的主要内容不仅是寻找和发现现有材料,还包括自然界提供的原材料的新用途。

2.产品创新

产品是企业的象征,它在企业经营中的作用是决定产品创新是技术创新的核心和主要内容,其他创新都是围绕着产品的创新进行的,而且其成果也最终在产品创新上得到体现。

产品创新包括新产品的开发和老产品的改造。这种开发和改造是指对产品的结构、性能、材质、技术特征等一个方面或几个方面进行改进、提高或独创。它既可以是利用新原理、新技术、新结构开发出一种全新型产品,也可以是在原有产品的基础上,部分产品采用新技术改造以适合新用途、满足新需要的换代型新产品,还可以是对原有产品的性能、规格、款式、品种进行完善,但在原理、技术水平和结构上并无突破性改变的产品。

3.工艺创新

工艺创新包括生产工艺的改革和操作方法的改进。生产工艺是企业制造产品的总体流程和方法,包括工艺过程、工艺参数和工艺配方等;操作方法是劳动者利用生产设备在具体生产环节中对原材料、零部件或半成品加工的方法。生产工艺和操作方法的创新既要求在设备创新的基础上,改变产品制造的工艺、过程和具体方法,也要求在不改变现有物质生产条件的同时,不断研究和改进具体的操作技术,调整工艺顺序和工艺配方,使生产过程更加合理,现有设备得到充分的利用,现有材料得到更充分的加工。

4.手段创新

手段创新主要指生产的物质条件的改造和更新,生产手段的技术状况是企业生产力水平具有决定性意义的标志。

(二)组织创新

从组织理论的角度来考虑,企业系统是由不同的成员担任的不同职务的结合体。这个结合体可以从结构和机构这两个层次去考察。所谓机构是指企业在构建组织时,根据一定的标准,将那些类似的职务或岗位归并到一起,形成不同的管理部门。它主要涉及管理劳动的横向分工的问题,即把对企业生产经营业务的管理活动分成不同部门的任务。而结构则与各管理部门之间,尤其与不同层次的管理部门之间的关系有关,它主要涉及管理劳动的纵向分工问题,即所谓的集权和分权问题。

不同的机构具有不同的结构形式:组织机构完全相同,但机构之间关系不一样,也会形成不同的机构形式。不同的企业有不同的组织形式,同一企业在不同的时期随着经营活动的变化,组织的机构和结构也要不断调整。组织创新的目的是更合理地组织管理人员,提高管理劳动的效率。

(三)制度创新

制度是组织运行方式的规定。企业制度主要包括产权制度、经营制度和管理制度三个方面的内容。

产权制度是决定企业其他制度的根本性制度,它规定着企业最重要生产要素的所有者对企业的权力、利益和责任。在不同时期,企业各种生产要素的相对重要性是不一样的。在主流经济学的分析中,生产资料是企业生产的首要因素,因此,产权制度主要指企业生产资料的所有制。目前存在的相互对立的两大生产资料所有制——私有制和公有制(更准确地说是社会成员共同所有的"公有制",在实践中都不是纯粹的)。私有制正越来越多地渗入"共有"的成分,被"效率问题"所困扰的公有制则正或多或少添加了"个人所有"的因素(如我国目前试行中的各种形式的"股份制")。企业产权制度的创新也许应朝着寻求生产资料的社会成员"个人所有"与"其同所有"的最适度组合的方向发展。

经营制度是有关经营权的归属及其行使条件、范围、限制等方面的规定。它表明企业的经营方式,确定谁是经营者,谁来安排企业生产资料的占有权、使用权和处置权的行使,谁来确定企业的生产方向、生产内容、生产形式,谁来保证企业生产资料的完整性及其增值,谁来向企业生产资料的所有者负责以及负何种责任。经营制度的创新方向应是不断寻求企业生产资料最有效利用的方式。

管理制度是行使经营权、组织企业日常经营的各种具体规则的总称,包括对材料、设备、人员及资金等各种要素的获得和使用的规定。在管理制度的众多内容中,分配制度是较为重要的内容。分配制度涉及如何正确地衡量成员对组织的贡献并在此基础上如何提供足以维持这种贡献的报酬。由于劳动者是企业诸要素中的利用效率的决定性因素,因此,提供合理的报酬以激发劳动者的工作热情,对企业的经营就有着非常重要的意义。分配制度的创新在于不断地追求和实现报酬与贡献在更高层次上的平衡。

产权制度、经营制度、管理制度这三者之间的关系是错综复杂的(实践中相邻的两种制度的界线甚至很难明确)。一般来说,一定的产权制度决定相应的经营制度。但是,在产权制度不变的情况下,企业具体的经营方式可以不断调整;同样,在经营制度不变时,具体的管理规则和方法也可以不断改进。而管理制度的改进一旦达到一定程度,就会要求经营制度也做出相应调整。

经营制度的不断调整必然会引起产权制度的变革。同时,管理制度的变化也会反作用于经营制度。我国企业制度的改革正是循着这条线路进行的。企业改革首先开始于内部的管理制度改革。

第二节　创新过程与创新主体

一、创新的原则

为了保证创新活动的顺利进行,我们需要协调好各方面的关系,遵循一定的原则。

1.创新与维持相协调的原则

创新活动与维持活动既相互区别又相互联系，它们二者是相辅相成的。维持是创新的基础，创新是维持的发展；维持是为了实现创新，创新为维持提供更高的起点；维持使组织保持稳定，创新使组织具有适应性。维持和创新都是组织生存和发展不可缺少的。然而创新与维持有时也相互矛盾。正确处理二者的关系，寻求创新和维持的动态平衡和最优组合是管理者的职责，也是创新应遵循的原则。

例如，研究开发新产品，要受原有产品技术水平、人员素质、管理水平以及资金的制约；新产品处在研究开发或者开始生产和投入市场阶段，原有产品的生产也同时进行，这就需要正确处理新产品开发和原有产品生产之间的关系，从而满足创新与维持相协调的要求。在企业中，创新与维持的平衡和组合是复杂的也是多方面的，如创新目标、创新规模要适当，新技术的引入和改进要与创新紧密结合，创新组织与其他组织之间要相互配合等。

2.开拓与稳健相结合的原则

开拓是创新的本质要求。所谓开拓就是要不断地向新的领域、新的高度进发。没有开拓进取，就没有创新。然而，企业中不思进取、安于现状的现象普遍存在，创新活动也经常受到各方面甚至是高层管理人员的非议、排斥、压力和抵制，不少人担心创新会付出更大的代价、担心会改变熟悉的工作方式、担心会失去既得的利益等。这些现象的存在会成为企业创新的最大障碍。因此，企业管理者应以极大的热情鼓励、支持和组织创新活动，要营造创新的组织氛围，重塑企业文化，激发员工奋发向上、开拓进取的精神。

与此同时，企业的创新总是在现实基础上进行的，任何成功的创新都是科学的，不容半点虚假。开拓精神还必须同求实态度相结合。求实稳健并非安于现状、墨守成规，而是面向社会、面向市场，从实际出发，量力而行。这是创新成功和稳步发展的重要保障。脱离实际的变革会出现盲目性、随意性和反复性。大量事实表明，创新者不是专注于冒险而是专注于机会，通过感性认识上升为理性认识，在系统分析创新时机的基础上，找准机会进行创新。一旦创新开始，就必须脚踏实地采取各种措施，持续努力，确保创新的成功。

3.统一性和灵活性相结合的原则

组织的创新必须要有统一明确的目标、相互协调的行动、优势集中的人力资源。没有统一明确的目标，创新活动将失去方向，盲目乱干。

4.奖励创新，允许失败的原则

创新的创造性、风险性、效益性，决定了企业应对创新者的劳动及其成果进行的公正评价和合理奖励。针对所有的创新建议，企业都要实施正向的激励政策，对具有重大价值且最终被采用的创新建议，企业要在物质上给予相关人员重奖，在职称、职务对其进行破格晋升，使奖励与创新的风险和贡献相一致。同时，创新者的创新动机表现为对个人成就感的追求和自我价值实现的满足感，创新的精神奖励不仅是必要的，甚至是更为重要的奖励。因此，不仅要对创新者进行精神的、物质的奖励，而且要在创新的全过程给予创新者更多的理解、尊重和支持，给予创新者开展创新的条件。

面对失败，创新者不应悲观失望、半途而废，管理者不应冷眼相看、横加指责。创新的组织管理者要宽容，要主动地帮助创新者总结和吸取教训，鼓励创新者坚持不懈，继续进行大胆试验，直到取得成功。

二、创新的过程

创新是一项高度复杂的活动过程，并不是杂乱无章的，它遵循着一定步骤、程序和规律。一般而言，创新应包括以下几个阶段。

1.准备阶段

创新思维是人类创造力的核心和思维的最高级形式。一般来说，其有四个方面的前提条件：

①知识和经验的积累；

②市场需要；

③自我驱动；

④强烈的好奇心。

2.寻找机会

创新是对原有秩序的破坏。原有秩序之所以要被破坏，是因为企业内部存在或者出现了某种不协调的现象。这些不协调现象对系统的发展产生了威胁，创新活动正是从这些不协调中开始的，不协调也为创新提供了契机。创新的契机主要表现在以下几个方面。

①技术的变化可能影响企业对相关资源的获取、生产设备及产品的技术水平。

②人口的变化可能影响劳动力市场的供给和产品销售市场的需求。

③宏观经济环境的变化，迅速增长的经济背景可能给企业带来不断扩大的市场，而整个国民经济的萧条可能降低需求者的购买能力。

④文化与价值观念的转变可能改变消费者的消费偏好或劳动者对工作及其报酬的态度。

就系统内部来说，创新的不协调现象表现在以下几个方面：

①生产经营中的瓶颈，可能影响了企业人员劳动生产率的提高和劳动积极性的提高。

②企业一些出乎意料的成功与失败，往往可以把企业从原先的思维模式中解放出来，从而成为企业创新的一个重要源泉。

3.提出构想

敏锐地观察了不协调的现象后，还要透过现象分析原因，并据此分析和预测不协调的变化趋势，预测它们给企业带来的积极或消极的后果，并在此基础上努力利用各种方法消除不协调的因素，使企业提出创新的构想。

4.实施构想

构想只是一种行动方案，是对创新活动的内容、程序、人员安排等做出的总体规划。由于创新活动具有很大的不确定性，有许多问题是我们无法事先预测的。所以，这种构想可能是不完善的，实践中我们需要根据实际情况对创新方案进行调整。

5.坚持不懈

构想只有被不断实践才能最终落地。创新的过程是不断尝试、不断失败、不断提高的过程。因此，创新者在开始行动以后，为取得最终的成功，必须坚定不移地进行创新行动，绝不能半途而废。

三、创新的主体

1.全体员工是创新的源泉

管理创新活动的源泉是发挥创造力的全体员工。因此，企业管理者要营造创新的氛围，依靠全体员工开展管理创新活动。这样才能不断涌现新的想法，才能更顺利地开展创新活动。当然，员工个人很难成为管理创新的主体，因为其工作属于操作层，且受到多方面的管理，即使有创意也很难在工作中进行实践。但作为群体的员工却往往是管理创新的主体。

2.管理者是创新的中坚力量

企业中有许多管理者，在专业分工的条件下对自己职责范围内的事务、人员、资源进行管理。这些管理领域如人事、财务、生产、营销等均存在大量的创新空间，因此这些管理者如果提出创意并加以有效实施的话，就会成为管理创新的主体。例如福特在"让工薪阶层都有一部福特车"的思想的引导下，生产管理部门的管理人员会同技术人员经过努力，设计实施方案，最后推出了"生产流水线"这一生产流程方面的重大创新，扩大了生产规模，降低了产品成本，成为工业革命以来足以同其他重大科技发明创造相提并论的一种管理创新思想。

3.管理专家和研究机构是创新的辅助

在复杂、多变和激烈的竞争环境中，单凭企业家和几个管理人员的知识、经验是不够的，还需要借助一些专业的管理专家、参谋机构的理论和智慧，依靠他们来分析收集信息，制订创新方案，并帮助企业家付诸实施，这种利用"外脑"的方式对管理创新来说非常重要。

4.创新型企业家是创新的关键

由于企业家在整个企业发展中所处的特殊位置和具有的支配权力，他们或亲自提出创新想法付诸行动，或其直接管理的创新活动产生了重大影响。因此企业家是管理创新成败的关键人物。企业要想不断创新，必须有锐意进取的创新型企业家。

第三节　管理创新的方法

一、创新的思维方式

1.逆向思维的方法

逆向思维也称为反向思维，是从众人考虑问题、认识事物的相反方向去思考和认识事物，从而有所发现、有所创新、有所补充的一种思维方式。一般来说，反向思维可以突破正常思维困境，从不同的角度发现解决问题的新方法和新思路，从历史上看，许多重要的管理创新灵感都来自于逆向思维。

逆向思维不是标新立异，更不是唱反调，而是建立在理性思维和科学预测基础之上的大胆行动。市场起伏不定，价格潮起潮落。组织领导者若人云亦云，随波逐流，企业会被淘汰，若能把握市场涨跌的规律，反其道而行，往往会得到意想不到的结果。

2.全方位思维的方法

全方位思维是和单向思维相对立的一种思维方法，也是创新思维的一种重要方法。单向思维是指限于一个方向、一个原因或一个角度思考问题。所谓全方位思维是指纵横交错地进行多角度、多元素、多方位的观察、探索和思考，发散思维和收敛思维互补，纵向思维和横向思维交叉，精确思维和模糊思维并重，力求把握事物的多样性和统一性的思维方式。全方面思维是获得创新思想的重要方法，在思考问题时要考虑思维对象的多因素、思维领域的多方位、思维目标的多选择、思维途径的多渠道，从诸多目标和方案中有所发现和创新。

3.直觉思维的方法

直觉思维是相对于理性思维的一种思维方法。理性思维主要是逻辑思维，遵循严格的逻辑规则，理性思维在技术发明和科学发明中曾发挥过巨大的作用。在管理创新的方法中，在重视理性思维的基础上，我们要提倡直觉思维的方法。

4.求异思维的方法

求异思维是从多种假设和构想中寻求答案的一种创造性思维方法。这种思维方法具有更大的主动性，能使自己的思想从固有的观念中解放出来，从新的角度观察和认识事物，从而使原本互不相关的因素联结起来，产生新的构思。习惯于求异思维的人，不容易受既成理论的影响，不囿于旧的传统、观点和方法，善于和习惯于提出超常的构想和不同凡俗的观念。科学家的发明创造、艺术家的创作、理论家的新观点、领导干部的科学决策基本都源于求异思维。

二、创新的其他具体方法

1.头脑风暴法

头脑风暴法又称智力激励法、BS法、自由思考法，是指刺激并鼓励一群知识渊博、知悉风险情况的人员畅所欲言，开展集体讨论的方法。头脑风暴法又可分为直接头脑风暴法和质疑头脑风暴法。前者是指专家群体决策，尽可能激发群体成员的创造性，产生尽可能多的设想的方法，后者则是对前者提出的设想、方案逐一进行质疑，分析其可行性的方法。

2.类比创新法

类比创新法又称为综摄法，它最初是由美国学者威廉·哥顿在心理学“垃圾箱理论”的启发下提出的，后来由普莱因斯丰富和完善的一种创新技法，这种方法是以类比思考为核心的著名创新技术。哥顿认为，创新不是阐明事物间已知的联系，而是探明事物间未知的联系，因此，需要采用翻“垃圾箱”、非逻辑推理等方法，把那些看似无关的东西联系起来。经过研究，哥顿发现类比法是实现这种创新构想的最好方法。类比创新法作为一种创新技法，它的特点在于：两个或两类事物在某些方面具有相同的或相似的特点，因此期望通过类比把某类事物的特点复现到另一类事物上以实现创新，这种方法能在一定程度上给人以某种新启示，这对创造性思维是非常有裨益的。但类比创新法也有其不足，它的运用受到一定程度的限制。类比创新法的正确运用，既需要利用心理学的许多理论，又要在很大程度上依靠人的想象、直觉、灵感等非逻辑思维的能力，因此，必须花费相当多的时间和精力才有可能较好地掌握此方法。

3. 形态方格法

形态方格法亦称形态综合法或棋盘格法。它是美籍瑞士人、加州理工学院天体物理学家F. 茨维基(F.Zwicky)教授提出的一种具有系列组合特征的思考方法,以“旧因素的新组合”作为核心思想。他发现,很多创新成果并非是全新的东西,而只是旧因素的新组合。进而想到,如果能将旧有事物加以系统地分解组合,一定能大大提高创新的可能性。

具体做法是:先确定影响决策的几个重要因素(这些因素应该是相互独立的),再列出这些因素的各种可能状态或变化范围,然后将各因素及其可能形态排列成矩阵,最后从每一因素中各取出可能形态做任意组合,从这些任意组合中剔除过去已经有的,余下的就是新构想的可能来源。

【本章小结】

本章对管理创新的含义和特征进行了详细阐述,在管理创新主体和创新过程中,结合相关案例对创新的过程加以论证;在管理创新的相关方法上主要介绍了头脑风暴法、类比创新法等当前创新管理领域比较实用的方法。

【课堂讨论】

结合一个公司的背景,谈谈创新对该公司的作用。

参考文献

[1] 李映霞.浅谈管理学中管理思维方式的培养[J].职业圈，2007(4):132-133.

[2] 王毅.管理思维的理论与应用[M].昆明:云南科技出版社，2009.

[3] 邢以群.管理学[M].3版.杭州:浙江大学出版社，2012.

[4] 斯蒂芬·P.罗宾斯，玛丽·库尔特.管理学(第11版)[M].李原，孙建敏，黄小勇，等译.北京：中国人民大学出版社，2012.

[5] 杨秀芹，陈一凡.基于“六顶思考帽”的讨论式教学组织与操作框架[J].当代教育科学，2017(1)：80-83，87.

[6] 周耀烈.思维创新与创造力开发[M].杭州：浙江大学出版社，2008.

[7] 休·布兰.管理思维[M].昝晓丽，译.天津:天津科学技术出版社，2020.

[8] 谢小云，左玉涵，胡球晶.数字化时代的人力资源管理：基于人与技术交互的视角[J].高等学校文科学术文摘，2021，31(1)：200-216，13.

[9] 舒露，杨俊宁，段柳.论管理中有效沟通的重要性[J].中外企业家，2015(22)：73.

[10] 贾翠，张国民.思想政治教育的沟通障碍及对策探析[J].山西农业大学学报(社会科学版)，2013，12(8):835-838.

[11] 王绪君.管理学基础[M].北京:中央广播电视大学出版社，2001.

[12] 安海燕.浅析经管专业《管理学》课程教学设计[J].农村经济与科技，2011，22(3)：105-107.

[13] 冯雪芬.管理学基础课程中小组合作学习方式的探究[J].济南职业学院学报，2016(1)：59-61，72.

[14] 刘玉静，高艳.合作学习教学策略[M].北京:北京师范大学出版社，2011：125-126.

[15] 徐文涛.谈小组合作学习的现状及对策[J].小学科学(教师)，2010(3)：91.